UNIVERSITÉ DE FRANCE.

ACADÉMIE DE STRASBOURG.

DES OBLIGATIONS LITTÉRALES,
EN DROIT ROMAIN;

ET DE

LA PREUVE DE LA FILIATION DES ENFANTS NATURELS,
EN DROIT FRANÇAIS.

DISSERTATIONS POUR LE DOCTORAT

PRÉSENTÉES

A LA FACULTÉ DE DROIT DE STRASBOURG,

ET SOUTENUES PUBLIQUEMENT

LE LUNDI 30 JUILLET 1860, A MIDI,

PAR

FRANÇOIS-LOUIS GALLIARD,

né à Paris (Seine),

Membre de l'Université,

DOCTEUR EN DROIT, LAURÉAT DE LA FACULTÉ DE STRASBOURG.

STRASBOURG,

IMPRIMERIE HUDER, RUE DES VEAUX, 4.

1860.

A LA MÉMOIRE DE MON PÈRE,

REGRETS ÉTERNELS.

A MA BONNE ET BIEN-AIMÉE MÈRE,

AMOUR ET RECONNAISSANCE.

L. GALLIARD.

A MONSIEUR DELCASSO,

Recteur de l'Académie de Strasbourg,

OFFICIER DE L'ORDRE IMPÉRIAL DE LA LÉGION-D'HONNEUR,

HOMMAGE RESPECTUEUX.

A MONSIEUR EDOUARD JORDAN,

MEMBRE DE L'ORDRE IMPÉRIAL DE LA LÉGION-D'HONNEUR,

et à sa famille

AFFECTION SINCÈRE.

L. GALLIARD

FACULTÉ DE DROIT DE STRASBOURG.

MM. AUBRY ✻. . . . . . . doyen et prof. de Droit civil français.
HEPP ✻ . . . . professeur de Droit des gens.
HEIMBURGER. . . . . professeur de Droit romain.
THIERIET ✻ . . . . . professeur de Droit commercial.
RAU ✻. . . . . professeur de Droit civil français.
N . . . . professeur de Droit civil français.
LAMACHE ✻ . . . . . professeur de Droit administratif.
DESTRAIS. . . . . . . professeur de Procédure civile et de Droit criminel.
N. . . . . professeur de Droit romain.

MM. LEDERLIN, MUGNIER, } agrégés.

M. BÉCOURT, officier de l'Université, secrétaire, agent compt.

MM. HEIMBURGER, Président de l'acte public.
THIERIET, RAU, LAMACHE, LEDERLIN, } Examinateurs.

La Faculté n'entend approuver ni désapprouver les opinions particulières au candidat.

DROIT ROMAIN.

Des obligations littérales en DROIT ROMAIN.

Les obligations littérales en Droit romain étant de diverses espèces, nous diviserons notre travail en plusieurs parties : dans une première partie, nous étudierons le contrat littéral, *nomina transcriptitia, expensilatio,* qui tire son origine du droit civil.

La deuxième partie sera consacrée à l'étude des *syngraphæ* et des *chirographa,* qui n'appartiennent plus au droit civil, mais au droit des gens ; enfin, dans un appendice, nous parlerons de la *cautio* à laquelle Justinien attribue un effet générateur d'obligation.

PREMIÈRE PARTIE.

Des obligations LITTERIS, d'après le Droit civil, ou de l'EXPENSILATIO.

CHAPITRE PREMIER.

GÉNÉRALITÉS.

Le contrat littéral est celui qui puise sa validité dans l'écriture, *scriptura.* Ce contrat n'a dû s'introduire que fort tard à Rome, car l'écriture y était inconnue dans les premiers siècles de la fondation de la ville, et ce ne fut probablement qu'à l'époque des Douze-Tables qu'elle entra dans les habitudes de la nation, et devint d'un usage à peu près général dans les relations d'affaires.

L'ancienne obligation *per æs et libram*, le seul mode de s'obliger dans le principe, tombait de jour en jour, grâce au progrès du droit des gens et à un esprit de réforme pratique qui s'introduisit avec le temps dans les différentes parties de la législation romaine. C'est ainsi qu'apparaît la *stipulatio*, premier démembrement de la *mancipatio per æs et libram*, dans laquelle les paroles solennelles suffisent pour donner au contrat son efficacité juridique; puis vient l'*expensilatio*, le contrat littéral du droit civil, qui n'est lui-même qu'un démembrement de la mancipation, puisque les parties se trouvent obligées en vertu d'une fiction légale qui considérait les formalités de l'*æs et libra* comme accomplies de part et d'autre.

Les contrats réels et les contrats consensuels, introduits à Rome avec le droit des gens, viennent compléter la division romaine des contrats en réels, littéraux, verbaux et consensuels.

Nous nous proposons d'étudier ici le contrat littéral des Romains.

CHAPITRE DEUXIÈME.

DE LA FORME DU CONTRAT LITTÉRAL.

Une première question se présente au début de cette matière : quelle était la forme du contrat *litteris?* Il y a, sur ce point, deux opinions en présence : d'après la première, le contrat littéral prenait naissance dans un écrit particulier; d'après la seconde, le contrat littéral ne pouvait résulter que d'une inscription sur les *tabulæ domesticæ* des anciens Romains.

Examinons rapidement la valeur de l'une et de l'autre de ces deux opinions.

La première manière de voir, qui est celle de Théophile, ne s'appuie sur aucun texte. Selon cet auteur[1], le contrat littéral serait un contrat qui consisterait principalement dans un acte écrit, accompagné de paroles solennelles : *Litterarum obligatio est veteris nominis in novum creditum per solemnia*

1. Théophile, lib. 3, tit. 21.

verba et solemnes litteras transformatio. Selon lui, l'ancien contrat littéral aurait été un contrat solennel, semi-verbal et semi-littéral; on exigeait à la fois des paroles solennelles comme dans la *stipulatio,* et un écrit particulier rédigé en termes sacramentels : *Necesse erat,* dit Théophile, *solemnia verba dicere et scribere ad eum quem litteris obligare mihi volebam.*

Cette opinion ne peut résister à une discussion sérieuse[1]. Il existe des textes nombreux et positifs qui prouvent irrécusablement que l'ancien contrat *litteris* du droit civil ne pouvait résulter que d'une inscription sur le *Codex accepti et expensi. Nomina facere, expensum ferre* sont des locutions fréquemment employées dans les auteurs classiques[2] et dans les textes officiels[3] pour signifier : faire un contrat littéral; or, ces *nomina* étaient des inscriptions opérées sur le registre, *per tabulas facta*[4], et l'*expensum* n'était autre chose que cette partie du registre domestique dans laquelle le père de famille inscrivait ses créances. Au reste, ce qui démontre d'une manière péremptoire que l'ancien contrat littéral, *nomen transcriptitium, expensilatio,* ne pouvait résulter d'un écrit particulier, c'est, ainsi que le démontre Savigny[5], le silence que les anciens auteurs ont gardé sur cette question.

Quand, par exemple, Cicéron, dans son plaidoyer pour Roscius, énumère si nettement tous les titres en vertu desquels son client aurait pu être obligé, il ne mentionne nullement les écrits particuliers; et Asconius, le commentateur des Verrines, en expliquant l'expression *syngraphas fecerat* qui se trouve dans un écrit de Cicéron, prend soin de nous montrer que les *syngraphæ*, c'est-à-dire les écrits

1. Non obstat : Mühlenbruch, nouvelle édition des antiquités d'Heineccius, p. 564.
2. Ciceron, de officiis, III, 14; in Verrem, 1, ch. 36. Ibid. chap. 39. ad Atticum, 4. 18. Seneca, de beneficiis, III, 5.
3. Instit. tit. 21, L. 9. Dig. de pactis.
4. Seneq. vide supra.
5. Savigny, Vermischte Schriften, I, 9.

particuliers qui furent à une époque postérieure de véritables contrats *litteris* du droit des gens, prirent naissance en Grèce et ne s'introduisirent que fort tard dans la législation romaine. Comment, du reste, ne pas admettre l'identité de l'ancien contrat littéral avec les *nomina transcriptitia* du *Codex,* alors que l'on remarque que le contrat littéral du droit civil disparut précisément à l'époque où les registres domestiques cessèrent d'être tenus par les simples citoyens[1] ? Nous voyons, au contraire, que les banquiers, *argentarii*[2], qui seuls avaient encore des registres, continuèrent pendant longtemps à se servir, dans leurs affaires, de l'ancien contrat littéral, ce qui prouve que l'*expensilatio* consistait uniquement dans une inscription opérée sur les *tabulæ domesticæ.* Il importe donc d'étudier avec quelques détails ce qu'étaient sous les Romains les *tabulæ domesticæ.*

CHAPITRE TROISIÈME.

DES TABULÆ DOMESTICÆ OU DU CODEX ACCEPTI ET EXPENSI.

§ 1er.

Historique.

Lorsque l'écriture commença à se répandre à Rome, c'est-à-dire vers l'époque de la promulgation de la loi des Douze-Tables[3], l'usage s'introduisit, pour chaque père de famille, de tenir un registre spécial, appelé *Codex accepti et expensi* ou *tabulæ*, sur lequel il inscrivait toutes les opérations relatives à son patrimoine[4]. Pendant longtemps cet usage fut, en quelque sorte, général chez les Romains, mais il finit par disparaître, et, à l'époque d'Asconius, commentateur des Verrines, ces registres étaient tombés complétement en désuétude; mais, vers quelle époque vivait Asconius?

1. Asconius. ad Cicer. in Verrem. 23.
2. L. 9. Princip. Dig., de pactis. Mühlenbruch, sur Heineccius, L. 3, tit. 22, p. 562. n. a.
3. Tite-Live, L. VII, 3.
4. Asconius. in Verrem. II, 1, § 23.

Sur ce point, trois opinions sont en présence. Les uns s'appuyant sur un passage de Servius[1], annotateur de Virgile, prétendent qu'il aurait été contemporain de ce poète, et serait mort sous Néron ; d'autres le font mourir vers l'an 88 de Jésus-Christ, c'est-à-dire sous le règne de Domitien; ce qui est certain, c'est qu'il fut le maître de Quintilien, qui parle plusieurs fois de lui dans ses Institutions oratoires[2]. Une dernière opinion qui s'est produite dans ces derniers temps[3], et qui a été adoptée par Niebuhr et Savigny, considère le commentateur des Verrines comme un faux Asconius qui aurait vécu à une époque bien postérieure à celle du commentateur des autres ouvrages de Cicéron. Quelle que soit l'opinion véritable, toujours est-il que, du temps de Cicéron, l'usage de tenir des registres dans les familles était encore en pleine vigueur, puisque, dans l'un de ses plaidoyers, l'orateur romain regarde comme quelque chose de nouveau le fait qu'un citoyen romain n'aurait pas tenu son registre ou aurait cessé de le tenir[4].

Après avoir vu l'historique des registres domestiques chez les Romains, voyons quelle était l'utilité de ces registres.

§ 2.

Utilité des livres domestiques.

«Moris autem fuit, dit Asconius, unumquemque domesti-
«cam rationem sibi totius vitæ suæ per dies singulos scribere,
«ex qua appareret quid quisque de reditibus suis, quid de
«arte, fœnore, lucrove seposuisset quoquo die, et quid idem
«sumptus damnive fecisset[5].»

Ainsi, suivant ce passage, toutes les opérations relatives

1. Ad Virg. Egl. 3. 105.
2. Instit. orat. I, 7, 24. Ibid. V, 10, 9.
3. Madvigius (Disputatio critica de Asconii pediani et aliorum in Ciceronis orationes commentariis). Savigny, Vermischte Schriften.
4. Ciceron. pro Roscio orat. 3. § 1. Ibid. pro Cluentio, § 30,
5. Asconius, in Verrem. ibidem.

au patrimoine, opérations tendant à augmenter le patrimoine (actif), opérations ayant pour effet de le diminuer (passif), étaient inscrites sur le registre. Les pères de famille seuls tenaient de pareils registres, car eux seuls, dans le principe, pouvaient posséder des biens[1]; plus tard, quand la législation romaine reconnut aux fils de famille des biens distincts du patrimoine de leurs pères, ils pouvaient également tenir des *tabulæ*.

Les registres étaient mis au courant tous les mois et tenus avec la plus grande exactitude, *diligenter confecti*[2]. En se rapportant à la dénomination même du registre, *Codex accepti et expensi*, et à un passage de Pline l'ancien[3], il est facile de voir que le registre était divisé en deux parties principales, l'*acceptum* et l'*expensum*.

Dans l'*acceptum*, on inscrivait tous les actes juridiques, toutes les affaires qui avaient pour conséquence une diminution du patrimoine, en un mot, les dettes ou créances passives. Dans les premiers temps, alors que la *mancipatio* était la seule manière de s'obliger, on inscrivait à l'*acceptum* ce qu'on avait reçu *per æs et libram*, ce dont on était devenu débiteur, *quod per æs et libram acceptum erat.* Telle est l'origine du mot *acceptum*, employé pour signifier les dettes, le passif. Plus tard, quand la *mancipatio* eut été démembrée, quand il fut reconnu qu'on pouvait être obligé autrement que *per æs et libram*, l'ancienne dénomination d'*acceptum* continua de subsister pour s'appliquer à l'inscription de toutes les dettes en général, celles qui tiraient leur origine de la *mancipatio*, comme celles qui prenaient naissance dans la stipulation, la tradition ou le simple consentement. Les mêmes observations peuvent s'appliquer à l'*expensum*, la deuxième partie du *Codex*; on y inscrivit dès l'origine *omne quod expensum erat*, et plus tard toutes les créances actives de quelque nature qu'elles fussent.

C'était un devoir pour les familles de conserver toujours

1. Ciceron. pro Clælio, ch. 7.
2. Ciceron. pro Roscio. III, § 2.
3. Lib. II, ch. 7.

précieusement ces registres comme un dépôt éternel, *perpetuæ æternæque serventur ;* ils avaient en justice une force probante très-respectable [1], et, pour en garantir la sincérité, chaque père de famille était tenu tous les cinq ans de prêter serment *de fide tabularum* [2].

A côté du *Codex accepti et expensi,* les Romains tenaient encore un autre registre, *adversaria*, qui était une sorte de cahier brouillon sur lequel le père de famille inscrivait jour par jour, au fur et à mesure de leurs opérations, toutes les affaires qu'il traitait [3]. A la différence des *tabulæ domesticæ*, l'*adversaria* était tenu sans soin particulier, il n'était conservé que pendant un mois, au bout duquel on le déchirait, lorsque le *Codex* avait été mis au courant, et il ne constituait en justice aucun moyen de preuve légal.

Après avoir vu en quoi consistait le *Codex,* il nous reste à voir quelles étaient les inscriptions que ce registre était destiné à recevoir. Toutes les inscriptions portées au *Codex* portaient la dénomination de *nomina*, puisqu'elles étaient toujours au nom d'une personne [4]; plus tard, par figure de langage, on appela *nomina* les droits et obligations que ces inscriptions avaient pour but de constater ou de créer ; tel est le sens des expressions citées plus haut, *nomen, nomina facere* [5]. Ces inscriptions étaient de deux sortes : les unes étaient destinées à constater des actes juridiques, les autres servaient à créer des actes juridiques ; ces dernières constituaient l'ancienne obligation littérale. Parlons d'abord des premières.

1. Ciceron. pro Roscio. III, § 2.
2. Denys d'Halicarnasse. L. 14.
3. Savigny, Vermischte Schriften. I, 9. p. 240.
4. Savigny, ibidem.
5. Ciceron. in Verrem. II, 1. § 136.

§ 3.

Des nomina *destinés à constater des actes juridiques et, en particulier, des* nomina arcaria.

Tous les actes juridiques auxquels le père de famille avait pris part étaient inscrits sur le registre domestique, sans distinguer entre les actes qui augmentaient le patrimoine, *quid sumptus fecisset*, et ceux qui avaient pour effet de le diminuer, *quid damni fecisset.* Certains auteurs[1] prétendent que l'on se bornait à inscrire par ordre chronologique les recettes et les dépenses de la maison. Cette opinion, qui tendrait à faire du *Codex* un simple *livre de caisse,* ne nous paraît pas la véritable. Les expressions *acceptum* et *expensum* doivent être prises dans un sens plus large et plus étendu que celui de *dépenses* et de *recettes;* d'ailleurs, en considérant ce registre comme un simple livre de caisse, il est impossible d'expliquer pourquoi les Romains y inscrivaient également des opérations qui n'entraînaient aucun changement effectif dans la situation de la caisse; les *nomina transcriptitia,* ainsi que nous le verrons plus loin, étaient, en effet, des obligations littérales actives ou passives, mais qui, dans le moment où elles étaient formées, n'entraînaient, la plupart du temps, aucun changement dans la situation de la caisse de famille.

Ainsi, tous les actes juridiques dans lesquels le père de famille était intervenu, étaient constatés sur ce registre.

Les *nomina arcaria* dont nous avons particulièrement à nous occuper ici, à raison des opinions divergentes qui ont été émises à ce sujet, étaient, selon nous, une espèce particulière des inscriptions probatoires dont nous venons de parler. C'étaient des inscriptions servant à constater les obligations qui prenaient leur source dans la numération des espèces[2], en un mot, à établir le compte des recettes et des dépenses de la maison; mais, d'aprés la plupart des jurisconsultes allemands, en tête desquels il faut mettre Mühlen-

1. Keller, entre autres, cité par Savigny.
2. Ortolan. III, tit. 21, p. 221.

bruch[1], les *nomina arcaria* seraient de simples écrits probatoires remis par le débiteur au créancier et conservés par celui-ci dans le coffre-fort, *in arca, in finem ut probationibus faciendis quandoque inserviant.* Cette opinion présente néanmoins cela de commun avec la nôtre qu'elle considère également les *nomina arcaria* comme des écrits probatoires, en se fondant sur le témoignage de Gaïus, qui dit positivement que ces inscriptions ne créaient aucune obligation, mais servaient exclusivement à la preuve des obligations, *nullam facere obligationem, sed obligationis factæ testimonium præbere*[2]; toutefois cette opinion diffère de la nôtre en ce que nous soutenons avec la majorité des auteurs[3] que les écrits probatoires appelés *nomina arcaria* consistaient en inscriptions opérées sur le *Codex accepti et expensi.* Ce qui nous porte à admettre cette doctrine, c'est la dénomination générale de *nomina* attribuée indistinctement à toutes les inscriptions portées sur le registre, tandis que l'on réserve la dénomination de *cautiones* aux écrits particuliers servant à la preuve des obligations.

Outre les *nomina arcaria,* les *tabulæ domesticæ* contenaient une autre espèce d'inscriptions appelées *nomina transcriptitia* dont nous allons nous occuper, et qui, à la différence des *nomina arcaria,* étaient des inscriptions destinées à créer des actes juridiques, des droits et des obligations.

§ 4.

Des nomina *destinés à créer des actes juridiques ou des* nomina transcriptitia.

Ainsi que nous l'avons démontré plus haut, les *nomina transcriptitia* constituaient, dans l'ancien Droit, l'obligation littérale proprement dite. Le *jusjurandum*[4] et le *nexum*[5]

1. Mühlenbruch. Nov. Ed. antiq. Heinecc. p. 562 *a*.
2. Gaius, Comment. III, § 131.
3. Vide Ortolan, Ducaurroy, Institutes, des obligations litt.
4. Ciceron., de officius.
5. Lex XII tabularum.

avaient été, dans l'origine, les seuls modes de s'obliger d'après le droit civil. La loi des Douze-Tables, en établissant l'égalité civile entre les patriciens et les plébéiens, fit tomber le *jusjurandum* en désuétude et laissa subsister le *nexum ;* plus tard, on se débarrassa de l'appareil extérieur du *nexum* et l'on se contenta de certaines paroles solennelles prononcées ou écrites ; telle fut l'origine de la stipulation ou contrat verbal et de l'expensilation ou contrat littéral.

Le contrat littéral (*expensilatio* ou *nomen transcriptitium*) peut être défini : un contrat qui se forme par l'inscription de certains termes solennels sur les registres domestiques.

CHAPITRE QUATRIÈME.

GÉNÉRALITÉS SUR L'OBLIGATION LITTÉRALE, D'APRÈS L'ANCIEN DROIT CIVIL.

Ainsi que nous venons de le définir, le contrat littéral est celui qui puise sa validité dans l'écriture. De même que les contrats réels ont pour fondement la tradition, les contrats verbaux, la prononciation de paroles solennelles, et les contrats consensuels, le simple consentement des parties, l'obligation littérale est fondée sur l'écriture, *scriptura fit*[1].

L'étude de ce contrat présente de sérieuses difficultés[2] qui sont loin d'être résolues ; nous avons seulement essayé d'exposer dans un ordre méthodique et rationnel les différents principes qui paraissent avoir régi le contrat littéral. Nous parlerons successivement des conditions de validité, des modalités, des effets, des modes d'extinction du contrat littéral et des opérations dans lesquelles il intervenait.

1. Instit. III, tit. 21, Princip.
2. Heineccius, Antiq. Roman. Vid. supra.

CHAPITRE CINQUIÈME.

DES CONDITIONS EXIGÉES POUR LA VALIDITÉ DU CONTRAT LITTÉRAL.

§ 1er.

Des conditions en général.

Le contrat littéral ou *expensilatio* étant un contrat de droit civil doit réunir les conditions de validité requises pour les contrats en général. Or, quelles étaient en Droit romain les conditions de l'obligation conventionnelle, c'est-à-dire les données de fait et de droit nécessaires pour donner à la convention son efficacité légale? Sans entrer dans les détails de cette matière, il nous semble utile d'exposer rapidement la théorie romaine sur ce point.

A cet égard, il faut envisager trois périodes dans le Droit romain: la période du droit des Douze-Tables, celle du droit prétorien et enfin celle du droit impérial.

A l'époque des Douze-Tables, lorsque la mancipation était le seul mode de s'obliger, et même dans les premiers temps où la mancipation fut démembrée, la législation était empreinte d'un caractère formaliste que l'on trouve du reste dans toutes les législations primitives, mais qui se manifesta plus particulièrement dans le droit civil des Romains. La puissance de la forme, des solennités extérieures se révèle dans toutes les branches de la législation, et c'est surtout dans la matière des obligations conventionnelles qu'elle règne avec le plus de force. Pourvu que les formalités exigées par la loi existent, que la convention se forme entre citoyens romains capables, qu'elle porte sur un objet déterminé, l'obligation est parfaite, le débiteur est lié, quand bien même son obligation n'aurait aucune cause valable. Ainsi, d'après le droit strict, trois conditions seules semblent nécessaires: observation des formes extrinsèques prescrites par la loi, c'est-à-dire, dans l'origine, *mancipatio per æs et libram* et plus tard, tradition, stipulation, expensilation; objet formant la matière de l'engagement; capacité des parties. Tel était le droit civil avant les Douze-Tables et dans les premiers siècles qui suivirent sa promulgation; mais cette législation formaliste, empreinte d'un esprit si rigide et si exclusif, s'adoucit peu à peu sous l'influence du droit des gens, des principes de la raison et de l'équité.

Le droit prétorien, en introduisant les exceptions, par raison d'équité ou d'utilité, vint modifier ce que les principes du droit civil avaient de rigoureux et même d'injuste. Le consentement réel, sérieux, exempt de vices, est absolument nécessaire pour donner à la convention son efficacité en justice; il y a plus, le droit prétorien et la jurisprudence, toujours par le moyen des exceptions, exigent que la convention ait une cause valable; sans cause, l'obligation quoique subsistant selon le strict droit civil reste sans efficacité légale. Dans cette période, cinq conditions sont donc indispensables pour assurer à la convention ses effets légaux : 1° consentement des parties; 2° forme extérieure; 3° objet; 4° capacité; 5° cause d'obligation.

Ces innovations juridiques, que le droit prétorien avait puisées aux sources de la plus pure philosophie[1], restèrent la base de la législation romaine sous le droit impérial, et, à l'époque de Justinien, les constitutions impériales avaient bien opéré quelques changements accessoires, mais avaient laissé subsister les principes.

§ 2.

De la capacité des parties.

Les textes qui s'occupent du contrat littéral ne contiennent pas de règles spéciales concernant la capacité que devaient avoir les parties dans le contrat *litteris*. Pour résoudre les questions que soulève cette matière, il faut appliquer *mutatis mutandis* les principes généraux du Droit romain sur les contrats.

Le contrat *litteris* est de droit civil[2]; il ne peut donc être

1. Penitus ex intima philosophia (Ciceron, de legibus).
2. Gaius, Comment. III, § 133.

formé qu'entre citoyens romains ou entre personnes auxquelles la législation romaine a conféré la participation du droit civil; les pérégrins ne peuvent, par conséquent, être obligés *nominibus transcriptitiis*. Tel était du moins l'avis des Proculéiens; toutefois, les Sabiniens pensaient que le *peregrinus* pouvait être obligé *litteris* dans le cas où le contrat littéral aurait pour effet d'éteindre une obligation par voie de novation *a re in personam*[1]. Les règles générales sur la capacité exigée pour contracter doivent naturellement recevoir ici leur application. Examinons-les successivement dans la personne du débiteur et dans celle du créancier.

Les *sui juris*, dans tous les cas, et les fils de famille, pour ce qui est relatif à leur pécule, peuvent s'engager *litteris, acceptum ferre;* néanmoins ces personnes, capables en thèse générale, sont frappées d'incapacité quand elles se trouvent *impuberes vel furiosi*. L'impubère, bien qu'il ait *aliquem intellectum*, n'a pas l'*animi judicium*, aussi la loi ne lui permet-elle exceptionnellement de s'obbliger qu'avec l'autorisation de son tuteur. Quant aux *furiosi*, ils ne peuvent être obligés *litteris* qu'avec le consentement de leur curateur. En dehors de ces deux exceptions, les *sui juris*, dans tous les cas, et les *alieni juris*, pour ce qui est relatif à leur pécule, sont seuls capables de s'engager dans les liens de l'obligation littérale; le droit civil ne reconnaît même pas qu'elles puissent être obligées contractuellement par l'intermédiaire des personnes avec lesquelles elles forment l'*unitas personæ*, telles que les fils en puissance et les esclaves. Toutefois, le droit prétorien, en introduisant les actions de *peculio, de in rem verso*, etc., a sensiblement modifié les principes rigoureux du droit civil.

Pour ce qui concerne les personnes capables de devenir créancières, en général, et spécialement par contrat littéral, les règles sont à peu près les mêmes, sauf de légères modifications. Les *sui juris* et les fils de famille, *peculio tenus*, sont seuls capables de devenir créanciers *litteris, expensum ferre*. La loi n'excepte que les *infantes* et les *furiosi:* les

1. Gaius, Comment. III, § 133.

premiers, *quia non fari possunt,* sont, en thèse générale, frappés d'une incapacité radicale; le droit prétorien reconnaissait néanmoins que, dans certains cas, le fait du tuteur agissant au nom de son pupille, et le fait des personnes avec lesquelles l'*infans* se trouvait dans les rapports d'*unitas personæ,* telles que ses propres esclaves ou encore l'esclave public (*servus publicus*), peuvent engendrer au profit de l'incapable une action prétorienne, appelée *actio utilis;* les mêmes règles étaient applicables aux *furiosi.*

Arrivons maintenant à la condition la plus importante du contrat *litteris,* celle qui donnait au contrat son caractère essentiel et distinctif, nous voulons parler de la formalité extrinsèque de l'écriture.

§ 3.

De la forme du contrat littéral, scriptura.

Le contrat littéral, *litterarum obligatio,* ainsi que son nom l'indique, est celui qui se forme par l'écriture, *qui litteris contrahitur,* l'écriture étant en Droit romain une des quatre *causæ civiles contrahendi.*

Dans la partie générale de notre travail, nous avons suffisamment établi que l'expensilation ne pouvait prendre naissance que dans les livres domestiques, et qu'un écrit particulier ne pouvait engendrer d'obligation civile; l'inscription sur le *Codex accepti et expensi* est, comme nous l'avons dit, la seule forme de l'expensilation. Avant l'inscription portée sur les registres, lors même que les parties sont respectivement consentantes, il n'existe qu'un simple pacte (*nudum pactum*) que le droit civil considère comme non obligatoire entre les parties; mais, aussitôt que l'inscription aura été effectuée sur le registre, alors seulement naîtra l'obligation littérale, car cette inscription est la seule condition essentielle de son existence.

Dans quels registres cette inscription doit-elle être opérée? Suffisait-il que le créancier opérât l'inscription sur son registre (*expensum ferre*) ou bien fallait-il encore que le débiteur opérât également inscription sur le sien (*acceptum referre*), en d'autres termes, la concordance des deux registres, du débiteur et du créancier, était-elle une condition essentielle à l'existence du contrat *litteris?* Au premier abord on serait tenté de décider l'affirmative pour plusieurs raisons: d'abord, quelle dénomination portait le registre domestique? *Codex accepti et expensi;* ces deux termes semblent indiquer qu'on y portait aussi bien les dettes que les créances, l'*acceptum* aussi bien que l'*expensum*. D'ailleurs, l'analogie semble militer ici en faveur de l'affirmative : de même que, dans la stipulation, le débiteur comme le créancier est assujetti à la prononciation de paroles solennelles, de même, dans l'expensilation, le débiteur aussi bien que le créancier devait être tenu, ce semble, d'opérer inscription sur le *Codex*. Ajoutez à cela un passage de Gaïus[1], et le doute paraît n'être pas permis. Gaïus s'exprime ainsi : «Quum alioquin in verborum obligationibus alius stipuletur, «alius promittat, et in nominibus alius expensum ferendo «obliget, alius.... *referendo* obligetur.» A la vérité, le mot *referendo* est ici mis par conjecture, vu qu'en cet endroit le manuscrit est illisible, mais tout semble autoriser à l'introduire dans ce passage d'ailleurs si clair et si catégorique.

Malgré ces trois puissants motifs, nous ne croyons pas que la concordance des deux registres soit une condition essentielle de l'obligation *litteris*. Voici comme nous pensons l'établir : Quelle serait la conséquence du système que nous combattons? Celle-ci : Si le créancier n'apporte que son seul registre en justice et que le registre du débiteur ne porte aucune inscription, le créancier sera condamné, car il demande l'exécution d'une obligation complétement inexistante au point de vue du droit civil; eh bien! toutes les données que nous possédons sur le contrat *litteris* sont là pour protester contre une pareille conséquence. Un passage de Cicéron s'occupe précisément de cette hypothèse, je le cite en entier[2] : «Expecto, dit l'orateur, quum mox Chæreas «hoc ratione utatur : Egone hanc manum, plenam perfidiæ,

1. Gaius, Comment. III, § 137.
2. Ciceron. pro Rascio comædo. orat. 3. § 2.

«et hos digitos meos impellere potui, ut falsum prescribe«rem nomen? Quod si ille suas proferret tabulas, proferret «quoque suas Roscius; erit in illius tabulis hoc nomen, at «in hujus non erit; cur potius illius, quam hujus, credetur? «Scripsisset ille, si non jussu hujus expensum tulisset? Non «scripsisset hic quod sibi expensum ferri jussisset?» L'orateur romain s'occupe précisément de notre hypothèse : Les livres de Roscius portent l'inscription, les livres de Chéréas n'en portent aucune; l'orateur se demande à laquelle des deux parties le juge devra ajouter foi pour établir l'existence de la dette; évidemment, si la concordance des deux registres avait été absolument nécessaire pour parfaire l'obligation littérale, une pareille demande eût été absurde, antijuridique, et personne ne voudrait faire l'injure à l'orateur romain d'avoir soutenu un système que la législation romaine repoussait. Ainsi, il paraît bien établi que la concordance des deux registres n'était pas exigée pour la validité du contrat *litteris;* en admettant l'opinion inverse, comment pourrait-on expliquer cet usage de prêter serment *de fide tabularum* dont nous parle Denys d'Halicarnasse[1].

Restent les textes que nous citions plus haut à l'appui de la première opinion. Nous croyons qu'ils peuvent parfaitement se concilier avec notre système : il suffit de distinguer entre les conditions de preuve et les conditions de validité, deux choses que les auteurs sont toujours trop tentés de confondre, surtout en Droit romain. Les conditions de validité les plus importantes, nous l'avons dit, sont l'inscription de la créance sur le registre du créancier et le consentement ou l'ordre du débiteur pour cette inscription. Comment le créancier d'une obligation littérale pouvait-il prouver ces conditions? Pour la première, l'inscription sur le registre, il n'avait qu'à produire son registre en justice; pour la seconde, il en était autrement : le créancier devait par l'un ou l'autre des moyens de preuve autorisés par la loi prouver le consentement du débiteur, de même que dans la stipulation il devait prouver d'une manière quelconque la prononciation

1. Denys d'Halicarnasse. Lib. IV.

de paroles solennelles; or, le moyen de preuve le plus pertinent, c'était l'inscription de la créance sur le registre du débiteur; la loi romaine avait reconnu à toute partie en cause le droit de forcer la partie adverse à produire ses registres[1]; c'est du moins ce qu'il est permis de conclure de plusieurs passages du Digeste, au titre *de edendo*, L. 11, tit. 13. La production du registre du débiteur était donc le moyen le plus sûr et le plus pertinent de prouver son consentement. Mais, supposons que le registre du débiteur produit en justice ne contienne aucune inscription, le créancier sera-t-il condamné? Point du tout; car, ainsi que nous l'avons établi, la concordance des deux registres n'était point une condition de validité de l'obligation littérale; seulement, le créancier se voyait privé d'un moyen de preuve simple et facile, et il se trouvait dans la nécessité de prouver d'une autre manière le consentement de son débiteur; ici nous retombons dans le droit commun: le créancier fera cette preuve d'après les moyens admis par le droit civil; nous voyons dans les auteurs classiques, et notamment dans Sénèque[2], que les parties, dans la passation du contrat *litteris*, faisaient intervenir certaines personnes, appelées *pararii*, dans l'unique but d'établir devant la justice l'existence du contrat, lorsque le débiteur viendra à le dénier en produisant des tables infidèles. Il résulte de ces passages que le moyen de preuve le plus admis, à défaut de la concordance des registres, était le témoignage des *pararii*. Ainsi se trouvent expliqués et la dénomination de *Codex accepti et expensi* et le passage de Gaïus que nous avons reproduit. La concordance des deux registres n'était donc pas nécessaire; il suffit, ainsi que nous venons de le voir, que le créancier ait opéré l'*expensilatio* sur son registre; *a fortiori* devons-nous admettre que l'*acceptilatio*, c'est-à-dire le fait du débiteur de porter son inscription sur le registre, pouvait donner naissance à l'obligation *litteris*[3].

1. L. 6, § 7. L. 10, § 2, Dig. de edendo. II, 13.
2. Lib. 3, § 15. Lib. 2, § 23, de beneficiis.
3. Savigny, Verm. Schriften, I, 9. Cicer. in Verrem. I, 36.

Toutefois, si l'obligation pour le débiteur d'inscrire la dette n'était pas juridiquement exigée pour la validité de l'engagement, elle lui était en quelque sorte moralement imposée : Le débiteur n'a point inscrit une dette ; l'existence de cette dette vient à être établie d'une manière quelconque, il en résultera pour le débiteur une espèce de honte ou d'infamie. *Quemadmodum turpe est scribere quod non debeatur, sic improbum est non referre quod debeas*, dit l'orateur romain[1] : selon lui, ne point inscrire une dette est aussi infamant que d'inscrire une fausse créance.

Dans quels termes cette inscription doit-elle être faite ? Bien que les textes ne s'expliquent pas d'une manière formelle à cet égard, tout porte à croire que l'inscription devait être conçue en termes solennels[2] ; Gaïus en parle dans ses commentaires : «*Transcriptio fit veluti si id quo mihi* «*debeas, id expensum tibi tulero*[3]*;* Théophile, dans sa paraphrase, fait de la solennité des termes un des éléments de la définition du contrat littéral, *per solemnes litteras transformatio ;* enfin l'analogie semble militer en faveur de cette opinion : de même que la stipulation consistait dans la prononciation de paroles solennelles, de même l'expensilation devait consister dans l'inscription de termes solennels, sous une législation empreinte dans toutes ses parties d'un formalisme rigoureux et sévère ; nous ne savons quels étaient ces termes consacrés, mais il est permis de croire qu'ils étaient analogues à ceux employés dans la stipulation.

L'inscription sur le registre pouvait être faite à tout moment, sans l'assistance de l'autre partie, sans témoins, pourvu que l'autre partie eût donné son consentement, et quel que soit le temps depuis lequel le débiteur a consenti ; ce n'était du reste jamais sur le moment que le créancier opérait son inscription, à en juger par les indications que donne Cicéron : «*Quum omnes qui tabulas conficiant menstruas pene*

1. Cicero, pro Roscio. III, § 1.
2. Ortolan, Lib. 3, tit. 21, p. 222 et 223.
3. Gaius, Comment. III, § 129 et 130.

«*rationes in tabulas transferrant ab adversariis*[1]*;*» mais l'obligation ne naissait que lorsque l'inscription était effectuée et aussitôt qu'elle était effectuée; avant ce temps, il n'y avait point d'obligation, il n'y avait qu'un simple pacte, *nudum pactum,* quand bien même l'obligation eût été inscrite *in adversariis, l'adversaria* n'ayant aucune autorité en justice, soit pour la preuve, soit pour la formation des obligations.

§ 4.

Du consentement des parties dans le contrat litteris.

Le consentement est une condition de tout contrat, car le contrat est avant tout le concours de deux volontés : *duorum vel plurium in idem placitum consensus.* Le contrat littéral, pas plus que les autres contrats, ne pouvait échapper à cette règle générale fondée sur la raison et l'équité, et nous trouvons dans les auteurs classiques plusieurs passages qui témoignent de cette nécessité du consentement du débiteur dans les *nomina transcriptitia.* Cette condition, du reste, a dû être requise à toutes les époques de la législation romaine, et si nous n'avons pas sur ce point des témoignages positifs, du moins le caractère du droit civil à ses différentes époques nous porte à croire qu'il devait en être ainsi. On peut comprendre à la rigueur comment l'esprit formaliste des premiers temps ait pu se contenter, dans la stipulation, et même dans la tradition, des formalités purement extérieures qui accompagnaient ces deux espèces de contrats, puisque, en réalité, le débiteur comme le créancier prenait part au contrat; mais il est difficile de croire que la simple inscription sur le registre du créancier, la seule inscription exigée pour la validité du contrat *litteris,* eût pu avoir assez de force pour lier, par elle-même, le débiteur. Il est bien vrai que souvent le créancier se contentait d'une inscription provisoire sur son brouillon mensuel, qui ne faisait pas foi, qu'il n'opérait le report sur le *Codex* que plus tard,

1. Cicero pro Roscio orat. III, § 3.

et en l'absence de l'obligé[1]; mais en tout cas il est bien établi que le créancier ne pouvait inscrire une obligation sur son registre qu'avec l'ordre ou le consentement du débiteur[2].

Sur quoi devait porter le consentement? De quelle manière devait-il être manifesté? De quels vices devait-il être exempt? Telles sont les trois questions principales que soulève cette matière.

A. Sur quoi doit porter le consentement des deux parties? Il doit porter sur tous les éléments constitutifs du contrat, ce que les Romains appelaient *leges contractus*[3]; or, au nombre de ces conditions ou éléments constitutifs, se trouvait particulièrement l'intention commune des parties de considérer l'inscription sur le *Codex* comme condition génératrice *(causa)* de leur engagement; les parties devaient donc être d'accord sur ce point : considérer les formalités de *l'æs et libra* comme accomplies en opérant l'inscription sur le registre[4].

B. De quelle manière le consentement doit-il être manifesté? Il faut distinguer entre l'*acceptilatio* et l'*expensilatio*. Dans le premier cas, le consentement du débiteur, manifesté solennellement par l'inscription sur son registre, emporte nécessairement obligation littérale; mais quand il y a simplement *expensilatio*, ce qui se présentait le plus souvent, la question est plus délicate. Deux systèmes différents sont suivis à cet égard.

D'après le premier système qui se fonde sur la paraphrase de Théophile[5], le consentement du débiteur devait être donné en termes solennels, *per solemnia verba*, et par écrit, *solemnes litteras*. Dans notre opinion, ce système n'est pas fondé : et d'abord ces mots de Théophile, *per solemnes*

1. Cicero pro Roscio, III, § 3.
2. Ortolan. Vide supra.
3. L. 73, Dig. I, 17.
4. Ortolan, III, tit. 21, p. 223. Valere maxime, de dictis factisque memorabilibus. VIII, 2. Théophile, Instit. III, 21.
5. Théophile ad Instit. vide supra.

litteras, se rapportent aux termes de l'inscription sur le registre, qui, ainsi que nous l'avons établi plus haut, doit se faire en la formule consacrée; quant à la nécessité de prononcer des paroles solennelles, les textes que nous possédons, ainsi que la nature même du contrat littéral, nous font rejeter cette manière de voir; Gaïus le dit formellement[1] au § 138 : «*Absenti expensum ferri potest etsi verbis* «*obligatio cum absente contrahi non possit*» ; la présence des parties n'étant pas nécessaire, aucune prononciation de paroles solennelles n'était par conséquent exigée. En admettant à la lettre les indications de Théophile, il faudrait conclure que le contrat *litteris* des Romains était un contrat semi-littéral et semi-verbal, ce qu'il est difficile de supposer. Nous croyons avec Savigny que le consentement du débiteur à l'acte était toujours nécessaire[2], mais qu'il n'était assujetti à aucune forme[3]; un consentement tacite pouvait être suffisant. Toutefois, il pouvait se faire que les parties, se trouvant toutes deux sur les lieux, employassent des paroles solennelles analogues aux termes de la stipulation, mais ces paroles n'étaient pas nécessaires pour valider le contrat littéral.

C. De quels vices le consentement doit-il être exempt? Ici règnent les principes rigoureux du droit civil : Ni le dol[4], ni la violence[5] ne sont des causes de nullité de l'obligation, d'après l'ancien droit civil; l'erreur seule est une cause de nullité: *non videntur qui errant consentire*[6], mais seulement quand elle porte sur la substance même de la chose. De ces principes, il faut conclure que le consentement, dans l'expensilation, quand il était entaché d'erreur, ne produisait aucune obligation valable; quant au dol et à la violence, le droit civil ne les reconnaissait pas, mais la philosophie et le

1. Gaius, Comment. III, § 138.
2. Savigny, Vermischte Schriften, I, 9.
3. Valere maxime. Vide supra.
4. Ulp. fr. 36. Dig. XLV, 1, de verbor. oblig.
5. Ulp. fr. 21, § 5. Dig. IV, 2, quod metus causa.
6. Ulp. fr. 116, § 2. Dig. L, 17, de reg. juris.

droit des gens firent intervenir plus tard les secours prétoriens pour remédier à ces rigueurs; telle fut l'origine des *exceptiones doli mani et metus* introduites par les édits des préteurs.

§ 5.

De l'objet et de la cause dans le contrat littéral.

Toute obligation, en général, doit avoir un objet, ce que les commentateurs appellent le *quid debetur*. Cet objet peut consister soit dans la *dation* ou *prestation d'une chose, ad dandum vel præstandum aliquid,* soit dans l'accomplissement d'un fait positif ou négatif, *ad faciendum aliquid.* Dans les *nomina transcriptitia,* l'obligation ne pouvait consister que dans la dation d'une chose et cette chose ne pouvait être qu'une somme d'argent, *pecunia certa.* C'est en cela qu'on peut remarquer la différence qui existait entre la stipulation et l'expensilation : ces deux institutions, qui présentent entre elles des points de ressemblance si fréquents, diffèrent néanmoins l'une de l'autre sur ce point; car, tandis que la stipulation prenait de jour en jour plus d'extension dans le Droit romain, qu'elle subissait même l'influence du droit des gens par l'introduction d'une formule nouvelle à l'usage des pérégrins et la faculté de l'employer dans toutes les affaires de la vie civile, l'expensilation conservait toujours son caractère d'institution quiritaire et restait à l'usage presque exclusif des citoyens.

La cause, le *cur debetur,* est le motif déterminant pour lequel on s'oblige : Dans les contrats à titre gratuit, la cause de l'obligation consiste dans l'intention d'exercer un acte de libéralité; dans les contrats à titre onéreux, la cause réside soit dans une prestation qu'on veut se procurer, soit dans la libération d'une obligation préexistante.

Dans le Droit romain des Douze-Tables, l'existence de la cause n'était pas considérée comme une nécessité juridique; on pouvait être engagé dans les liens d'une obligation civile sans que l'engagement eût une cause réelle. Ceci se présentait surtout en matière d'expensilation. Peu importe que le débiteur ait ou n'ait pas reçu quelque chose de son créancier, si l'inscription sur les registres du créancier a été faite par l'ordre du débiteur, le fait générateur de l'obligation est accompli, le lien juridique est formé, et ce lien est aussi rigoureux que dans le *mutuum* contracté *per æs et libram* (*nexum*), parce que le contrat *litteris* n'est qu'une dérivation du *nexum*, dans lequel on tient le métal pour pesé et donné, afin de se dispenser de la solennité *per æs et libram*. On voit quelles conséquences pouvait entraîner un pareil système dans une *expensilatio* à titre onéreux, alors que le débiteur n'avait pas eu l'intention d'exercer un acte de pure libéralité, comme cela pouvait se présenter, mais n'avait consenti à l'inscription de sa dette sur le *codex* du créancier qu'en vue d'une prestation certaine ou de la libération d'une obligation préexistante[1]. Qu'importent, en effet, les paroles transcrites sur un registre? La raison et l'équité réclament une cause antérieure et réelle, et toutes les fois que l'obligation existera sans elle, il y aura injustice, iniquité. Néanmoins, tel fut le droit à Rome pendant longtemps : l'écriture liait le débiteur d'une manière inflexible, et il n'existait aucun moyen de tempérer la rigueur du droit. Ce rigorisme, après avoir traversé toute la période du premier système de procédure, le système des actions de la loi, passa dans la procédure formulaire. Le préteur délivrait la formule conformément au droit, et, si ce qui se trouvait allégué dans l'*intentio* était justifié devant le juge, celui-ci était obligé de prononcer la condamnation. Mais cela change sous l'influence du droit prétorien, de ce droit dont la haute mission nous est révélée par les jurisconsultes, *adjuvandi vel supplendi, vel corrigendi juris civilis* : Le préteur invente les moyens indirects à l'aide desquels il pourra corriger l'âpreté et l'injustice du droit civil; ces moyens sont les exceptions. Pour faire valoir ces exceptions, le préteur insérait dans la formule, à la suite de l'*intentio*, l'allégation du défendeur; et le juge, après avoir vérifié la demande, avait à examiner cette seconde partie de la formule qui, si elle se trouvait justifiée,

1. Valer. maxim. De dictis factisque etc. VIII, 2.

servait à faire repousser l'action par des motifs d'équité. C'est cette restriction mise par le préteur dans la formule qui constitue l'exception. C'est au préteur Aquilius, l'ami et le collègue de Cicéron, qu'on doit l'invention des formules contre le dol, *de dolo malo*. L'exception de dol pouvait avoir deux caractères : tantôt conçue *in jus*, elle imposait au juge le devoir d'examiner et d'apprécier toutes les circonstances invoquées par le défendeur, afin de voir si elles ne constituaient pas un dol de la part du demandeur ; tantôt conçue *in factum*, c'est-à-dire spécifiant un fait précis, elle limitait à ce fait l'appréciation du juge, sans qu'il eût la faculté de s'occuper de toute autre circonstance. Cependant, malgré ces innovations salutaires, l'exception de dol avait ses inconvénients : c'était au défendeur qui invoquait l'exception de dol à la prouver; or, lorsque tout le dol consistait dans la *non-numération*, ce qui avait lieu le plus souvent pour les contrats *litteris*, la preuve devenait très-difficile, d'où la conséquence que, faute d'avoir pu prouver son exception, le malheureux débiteur était souvent obligé de subir une injuste condamnation. Nous verrons dans la seconde partie de notre travail que, pour remédier à ces graves abus, la législation romaine inventa l'*exceptio non numeratæ pecuniæ*.

CHAPITRE SIXIÈME.

DES MODALITÉS, DES EFFETS, DES MODES D'EXTINCTION DU CONTRAT LITTÉRAL.

Nous l'avons établi à plusieurs reprises, le contrat *litteris* est un contrat de droit strict, et, comme tel, régi par les principes rigoureux du droit quiritaire. De même que la mancipation, le seul mode de s'obliger civilement dans le principe, ne pouvait être faite sous condition, l'expensilation resta non susceptible d'être faite sous condition[1].

Quant aux effets de l'obligation *litteris*, il faut remarquer qu'elle ne pouvait avoir pour objet qu'une somme d'argent

1. Vaticana juris romani fragmenta, § 329.

déterminée comme dans le *mutuum*, et que, dès lors, l'action compétant au créancier était la *condictio certi*, c'est-à-dire l'action qui résultait de toute obligation qui astreignait à transférer la propriété d'une chose déterminée[1].

Par le moyen de cette *condictio*, le créancier pouvait poursuivre le paiement de la somme formant l'objet du contrat *litteris*, mais il ne pouvait poursuivre le paiement des intérêts de cette somme qu'au moyen d'une action *ex stipulatu*, fondée sur une stipulation particulière. Du reste, comme le *mutuum*, en Droit romain, n'obligeait à rendre que la somme prêtée, ni plus ni moins, pour que des intérêts pussent être exigés, on transformait le contrat réel en un contrat littéral dans lequel on pouvait étendre l'obligation au delà de la somme prêtée, à des intérêts.

Les modes d'extinction de l'expensilation devaient être les mêmes que pour les autres contrats. Le paiement, *solutio*, la novation résultant de la stipulation aquilienne étaient, sans nul doute, autant de modes différents d'éteindre le contrat littéral. Il est naturel de penser aussi que, conformément au principe proclamé par Ulpien : *Nihil tam naturale est, quam eo genere quidquid dissolvere quo colligatum est*[2], l'obligation formée *litteris* par l'expensilation faite sur le registre du créancier avec le consentement du débiteur, pouvait être dissoute par une expensilation contraire de la même somme. Malgré le silence de Gaïus sur ce point, on est fondé à admettre ce principe, conforme aux textes et à l'esprit du Droit romain.

CHAPITRE SEPTIÈME.

DES OPÉRATIONS DANS LESQUELLES INTERVENAIT LE CONTRAT LITTERIS.

L'*expensilatio* pouvait-elle être employée pour former directement une obligation, ou bien, ne servait-elle qu'à éteindre des obligations préexistantes, par voie de novation ? Telle est la question que nous nous proposons d'examiner.

1. Ulp. fr. 9. Dig. XII, 1, de rebus creditis.
2. Ulp. fr. 35. Dig. L. 17, de regulis juris.

Nous croyons avec Savigny[1] que le contrat littéral pouvait servir à former une obligation ou à éteindre une obligation. Cicéron, dans une lettre à Atticus[2], indique clairement, en parlant d'un bail qui, dès le principe, avait été formé *nominibus,* que l'expensilation pouvait servir à créer directement une obligation.

Théophile[3], se fondant sur le texte de Gaïus[4], soutient, au contraire, que le contrat *litteris* ne pouvait être employé que pour nover les obligations. Nous croyons que ces deux opinions, en apparence contradictoires, peuvent se concilier. A l'époque de Gaïus, où le contrat *litteris* n'était plus qu'à l'usage des banquiers, *argentarii,* il n'a dû s'employer que pour nover des obligations, mais rien n'autorise à croire que ce contrat, mis sur la même ligne que les autres (réels, verbaux, consensuels), n'ait pu être employé à l'époque de la République pour créer directement un droit personnel[5].

Arrêtons-nous un instant sur l'*expensilatio,* envisagée comme moyen de nover des obligations. A cet égard, Gaïus s'exprime ainsi : «Fit autem nomen transcriptitium duplici «modo, vel a in re personam, vel a persona in perso«nam, etc.» De ce texte résulte que la novation opérée par le moyen de l'expensilation pouvait avoir lieu de deux manières, c'est-à-dire qu'on portait comme *expensum* au compte du débiteur tantôt ce qu'il devait déjà à un autre titre, par exemple à titre de vente, *de mutuum,* de louage ou de dommage causé (*a re in personam*), tantôt ce que devait une autre personne par laquelle le nouveau debiteur était délégué (*a persona in personam*).

Ces notions, que nous donnaient déjà, d'une manière très-sommaire, l'abrégé de Gaïus dans le *bréviaire d'Alaric* et la paraphrase de Théophile, ne sont qu'une application des

1. Savigny, Vermischte Schriften, I, 9, p. 224.
2. Cicer. ad Attic. IV, ep. 18.
3. Theoph. ad Instit. de litter. oblig.
4. Gaius, Comment. III, § 128.
5. Ulp. fr. 6, § 1. De novationibus. Pomponius, fr. 7, eod. titulo. Paul. fr. 126, § 2. De verbor. oblig.

principes que nous avons exposés en parlant de la *cause*, qui peut consister aussi bien dans la libération d'une obligation préexistante que dans une prestation certaine ou dans l'intention d'exercer un acte de libéralité.

DEUXIÈME PARTIE.

Des obligations littérales d'après le Droit des gens (des Chirographa et des Syngraphæ).

CHAPITRE PREMIER.

GÉNÉRALITÉS.

Nous avons étudié, dans la première partie, l'obligation littérale telle qu'elle fut constituée par le droit civil; nous étudierons, dans cette deuxième partie, l'obligation littérale reconnue par le droit des gens : nous voulons parler des *syngraphæ* et des *chirographa*.

Depuis longtemps, et avant même qu'il fût question de permettre aux pérégins de se servir de l'*expensilatio* ou du *nomen transcriptitium* dans leurs relations juridiques avec les citoyens, les habitants des provinces avaient une forme de s'obliger analogue au contrat littéral des Romains, et que le droit des gens avait reconnue : c'étaient les *syngraphæ* et les *chirographa*.

«Præterea litterarum obligatio, dit Gaïus[1], fieri videtur «chirographis et syngraphis. Quod genus obligationis pro«prium peregrinorum est.»

Les *syngraphæ* paraissent plus anciens que les *chirographa*; ils étaient déjà connus au IIIe siècle avant l'ère chrétienne, puisque Plaute en fait mention dans ses comédies[2]. Cicéron, un siècle plus tard[3], et Gaïus[4], contemporain de

1. Gaius, Comment. III, § 134.
2. Plaute, Asinaria. Act. 4, I, vers. 1 et sqq.
3. Cicer. pro Murena. § 17.
4. Gaius, Comment. III, § 134.

Marc-Aurèle, en parlent comme d'une institution en vigueur à leur époque; mais le Corps de droit de Justinien n'en fait plus mention, ce qui prouve que sous cet empereur cette manière de s'obliger avait complétement disparu.

Quant aux *chirographa*, leur origine paraît être plus récente: on en voit l'indication dans Sénèque[1], dans une constitution d'Alexandre Sévère[2], dans plusieurs constitutions d'Arcadius, d'Honorius et de Théodose[3]; ils subsistent encore sous Justinien, où ils ont pour synonyme l'ancienne *cautio*, entendue comme promesse écrite de payer une somme déterminée, *certa pecunia*, le plus souvent pour cause de *mutuum*.

CHAPITRE DEUXIÈME.

DE LA NATURE ET DES CARACTÈRES ESSENTIELS ET DISTINCTIFS DES CHIROGRAPHA ET DES SYNGRAPHÆ.

La question de savoir quelle était la valeur des *chirographa* et des *syngraphæ* est une des plus controversées parmi les commentateurs. Tout le monde est d'accord pour reconnaître que les *chirographa* et les *syngraphæ* étaient des écrits particuliers, que la première dénomination s'appliquait à l'écrit émané seulement de la main de la personne obligée, et la seconde aux écrits signés des diverses parties et remis en exemplaires différents à chacune d'elles[4]. *Chirographa*, dit Asconius, *ab una parte servari solent; syngraphæ signatæ utriusque manu utrique parti servandæ traduntur*. Cette définition est du reste conforme à l'étymologie de ces deux expressions[5]; mais les opinions sont très-divergentes sur le point de savoir quels étaient la nature et les caractères essentiels de ces deux sortes d'écrits. La plupart

1. Seneq. de benef. II, § 23.
2. Const. 7. Cod. XXX, 4, de non numerata pecunia.
3. Const. 6. Cod. Theod. II, 4.
4. Ascon. ad Cicer. in Verrem. Act. 2, I, § 36.
5. Chirographum (de χειρ, main et γραφω, écrire). Syngraphæ (de συν, avec, et γραφω, écrire).

des jurisconsultes allemands prétendent que le *syngraphus* et le *chirographum* étaient de simples écrits probatoires, des *instrumenta*, analogues en tous points aux *scripturæ, libelli, chartæ, chartulæ*, dont parle Gaïus, quand il dit : *Fiunt, ut quod actum est per eas facilius probari possit*[1]. Ils fondent leur opinion sur ce passage de Gaïus : «Litterarum obligatio *fieri videtur* chirographis et syngraphis.»

Les *syngraphæ* et les *chirographa*, d'après Gaïus, paraissent être des obligations littérales ; au fond, ce ne sont point des obligations littérales véritables. Cette théorie ne nous paraît pas être dans le vrai. Le texte de Gaïus, qu'on invoque pour la soutenir, nous fournit au contraire les moyens de la combattre. Quand Gaïus dit, en parlant des *syngraphæ* et des *chirographa*, *fieri videntur*, il veut montrer par là que ces écrits ne constituaient pas la véritable obligation *litteris* du droit civil proprement dit, mais seulement une sorte d'obligation admise, par assimilation, pour les relations avec les étrangers ; les derniers mots de Gaïus, *si eo nomine stipulatio non fiat*, sont de nature à lever tous les doutes : il y aura obligation littérale, pourvu qu'il n'y ait pas eu stipulation. Cicéron lui-même, dans son *pro Murena*, fait très-bien ressortir le caractère obligatoire des *syngraphæ*, quand il s'écrie : *Pergitisne vos, tanquam ex syngrapha agere cum populo ut quem locum semel honoris cuipiam dederit, eumdem reliquis honoribus debeat.*

CHAPITRE TROISIÈME.

DES CONDITIONS EXIGÉES POUR LA VALIDITÉ DES SYNGRAPHÆ ET DES CHIROGRAPHA.

Sur ce point, les textes font presque entièrement défaut. Il est possible néanmoins d'établir à cet égard une théorie fondée sur les principes du droit des gens dont les *syngraphæ* et les *chirographa* n'étaient que des créations. C'était pour appliquer les principes de l'obligation littérale aux étrangers

1. Gaius fr. 4. Dig. XXII, 4.
2. Cicer. pro Murena, § 17.

qu'on admit en leur faveur les *chirographa* et les *syngraphæ;* les pérégrins sont donc, en cette qualité, capables de s'obliger *syngraphis* et *chirographis*[1]; les citoyens romains eux-mêmes, dans leurs relations avec les étrangers, peuvent employer cette forme de s'obliger[2], introduite principalement pour développer les relations d'affaires entre la métropole et les provinces.

De même que l'*expensilatio,* les *chirogropha* et les *syngraphæ* doivent avoir été contractés du consentement des parties et porter sur une somme d'argent déterminée : *certa pecunia.* Les textes ne nous disent pas dans quelle forme ces écrits devaient être rédigés; Gaïus nous dit seulement : *Si quid debere aut daturum se scribat*; ces termes nous indiquent cependant que les *chirographa* et les *syngraphæ* devaient contenir la déclaration de dette du débiteur, déclaration dans laquelle entraient probablement les expressions : *debeo* ou *dabo.* En revanche, nous possédons des notions assez complètes sur la cause de ces contrats, puisque l'exception *non numeratæ pecuniæ,* conférée par la loi romaine au débiteur dont l'obligation n'avait pas de cause valable, est l'objet d'un titre particulier au Code.

CHAPITRE QUATRIÈME.

SPÉCIALITÉS SUR LA CAUSE DES CHIROGRAPHA ET DES SYNGRAPHÆ, ET SUR L'EXCEPTIO NON NUMERATÆ PECUNIÆ.

§ 1er.

*Origine, nature et formule de l'*exceptio non numeratæ pecuniæ.

En traitant de la cause envisagée comme condition d'efficacité de l'expensilation ou du *nomen transcriptitium,* nous avons fait ressortir les inconvénients que l'édit du préteur, concernant les formules contre le dol, avait laissés subsister. Lorsque tout le dol consistait dans la non-numération des

1. Gaius, Comment. III, § 134.
2. Cicer. in Verrem. Act. II. Ire, § 36.

espèces, ce qui avait lieu le plus souvent dans le contrat *litteris,* la preuve devenait excessivement difficile pour le débiteur, puisqu'elle avait pour objet une négative indéterminée; de là l'origine de l'*exceptio non numeratæ pecuniæ.* Il est certain que cette exception remonte à une époque antérieure aux empereurs Sévère et Antonin, puisque ces empereurs la mentionnent dans une constitution qui forme la loi 1, au Code, IV, 30; mais, d'un autre côté, il est probable qu'elle n'existait pas du temps de Gaïus, puisque ce jurisconsulte ne la mentionne pas dans ses commentaires.

L'*exceptio non numeratæ etc.* était toujours *in factum concepta.* De même que l'exception de dol, elle était insérée dans la formule à la suite de l'*intentio,* à peu près dans les termes suivants : *Nisi pecunia non numerata sit;* mais, à la différence de l'exception de dol proprement dite, l'*exceptio non numeratæ pecuniæ* donnait au défendeur la preuve de la non-numération des espèces, par dérogation à la règle : *qui excipit probare debet;* dans le paragraphe suivant nous nous occuperons de ce caractère distinctif de l'*exceptio non numeratæ pecuniæ.*

§ 2.

*Dans quels cas, par quelles personnes, à charge de quelles preuves, dans quel délai l'*exceptio non numeratæ pecuniæ *peut être opposée.*

On ne peut opposer l'*exceptio non numeratæ pecuniæ* qu'autant que la cause de l'obligation réside dans un *mutuum.* En effet, ce n'est que pour déjouer les fraudes des capitalistes en matière de prêts d'argent que cette exception a été introduite. Ainsi, lorsque l'obligation aura pour objet une cause réelle autre qu'un prêt, un *mutuum,* l'*exceptio non numeratæ pecuniæ* ne sera pas opposable. Il s'agira, par exemple, d'une vente qui aura été suivie d'une expensilation ou d'une stipulation du prix dans l'unique but, pour le vendeur, de convertir une action de bonne foi en action de droit strict, le débiteur ne pourra pas opposer l'*exceptio non numeratæ pecuniæ,* car la cause d'une obligation civile peut parfaitement résider dans la libération d'une obligation préexistante; c'est ce qui résulte d'une constitution d'Alexandre, ainsi conçue : «Ignorare autem non debes, non «numeratæ pecuniæ exceptionem ibi locum habere ubi quasi «pecunia credita petitur[1].» Il n'y aurait pas lieu non plus à l'exercice de cette exception, lorsque l'obligation aurait été contractée à la suite d'une transaction; c'est ce que nous apprend le même empereur : «Si transactionis causa dare «Palladio pecuniam stipulanti spopondisti, exceptione non «numeratæ pecuniæ defendi non posse[2].»

Cette décision est fondée sur les mêmes motifs que la précédente.

L'*expromissor,* c'est-à-dire celui qui, de son propre mouvement ou par délégation, s'est chargé de payer la dette d'un autre, ne peut pas opposer l'exception sous prétexte que la numération n'aurait pas eu lieu entre ses mains, puisqu'au moment de son intervention elle était déjà censée faite à celui dont il a pris la place; il ne pourrait pas non plus l'opposer sous prétexte que l'argent n'aurait pas été compté au débiteur, car l'*expromissor* n'est pas tenu en vertu de l'ancienne dette, mais en vertu de la seconde, laquelle ne suppose pas du tout une numération, puisqu'elle trouve une cause suffisamment rationnelle dans l'obligation primitive[3].

Il n'en serait pas de même pour le mandant, *mandator,* et la caution, *fidejussor.* Ceux-ci ne peuvent, à la vérité, opposer l'exception de leur propre chef, mais du chef du mandataire ou du débiteur principal[4]; c'est qu'en pareil cas, il n'y a qu'une seule obligation, quoiqu'il y ait plusieurs obligés et que l'exception *non personæ sed rei cohæret.* Pour la même raison, le codébiteur solidaire peut opposer que l'argent n'a été compté à aucun de ses codébiteurs[5]. Celui qui oppose l'*exceptio non numeratæ,* etc., n'est pas tenu de prouver la

1. L. 5. Cod. De non numera pecunia.
2. L. 11. Cod. hoc titulo.
5. L. 6. Cod. hoc titulo.
4. L. 12. Cod. hoc titulo.
5. L. 4. Cod. VIII, 40.

non-numération; c'est au demandeur à prouver que la numération a été faite, par exception à la règle : «qui excipit probare debet.» Les principes généraux que nous venons de développer sont particulièrement applicables à l'obligation littérale. Ainsi, lorsque l'obligation émanait *a persona in personam*, il est évident qu'il ne pouvait pas y avoir lieu à l'application de l'*exceptio non numeratæ pecuniæ*, car il s'agissait d'une délégation; et nous avons vu que, dans la délégation, le nouveau débiteur n'a rien reçu du créancier, que la véritable cause de son obligation, la cause rationnelle et morale, c'est l'obligation primitive, l'obligation du déléguant.

Dans les divers cas de la *transcriptio a re in personam*, le plus grand nombre échappait à l'application de l'*exceptio non numeratæ pecuniæ;* ainsi, toutes les fois que la cause était une vente, un bail, etc., parce que rien ne nécessitait une numération d'espèces antérieure. Ce n'était donc que lorsque la cause était un prêt fait au débiteur, c'est-à-dire lorsque le débiteur était censé avoir reçu une somme certaine, que l'obligation *litteris* entrait dans le domaine de l'*exceptio non numeratæ pecuniæ*. Quand, plus tard, les *chirographa* et les *syngraphæ* se substituèrent aux *nomina transcriptitia*, les règles concernant l'*exceptior non numeratæ* pouvaient également s'appliquer à ces écrits. Dans les dernières années du Bas-Empire, les *chirographa* furent même assimilés aux *cautiones*, et nous verrons que, sous Justinien, l'exception *non numeratæ pecuniæ* s'appliqua même aux *cautiones*.

La durée de l'exception *non numeratæ pecuniæ* avait été primitivement fixée à un an; plus tard, elle fut fixée à cinq ans, d'après une constitution de Marc-Aurèle, qui se trouve dans le premier fragment du Code Hermogénien; enfin Justinien la réduisit à deux années. Le délai commençait à courir dès le moment que l'obligation était créée, c'est-à-dire depuis la transcription sur les registres, lorsqu'il s'agissait d'obligation *litteris*. Dans certains cas, le débiteur pouvait être déchu du droit d'opposer l'exception, c'est quand il avait confirmé l'obligation par une reconnaissance expresse ou tacite[1]. En cas d'inaction de la part du créancier, une constitution d'Alexandre accorde au débiteur le droit de répéter son obligation par une condiction appelée *condictio causa data causa non secuta*[2].

APPENDICE.

DE LA PRÉTENDUE OBLIGATION LITTERIS, D'APRÈS LE DROIT DE JUSTINIEN OU DE LA CAUTIO.

Justinien fait consister son nouveau contrat *litteris* dans l'autorité accordée aux écrits constatant des *mutuum*, c'est-à-dire aux *cautiones*, alors que le délai de deux années est expiré sans qu'aucune plainte n'ait été formulée[3].

Voyons ce que c'était que la *cautio*. Le mot *cautio (cavere)* qui, dans son sens le plus large, servait à désigner toute sûreté par écrit destinée à prouver une obligation quelconque, était plus spécialement employée à désigner la promesse écrite de payer une somme d'argent déterminée, *certa pecunia*, le plus souvent comme conséquence d'un *mutuum*. De bonne heure on comprit la nécessité d'appliquer à la *cautio* l'exception *non numeratæ*, parce qu'on craignait avec raison que les capitalistes, abusant de l'état nécessiteux d'un malheureux débiteur, ne se fissent faire des reconnaissances pour des prêts qu'ils n'avaient pas encore effectués, et que plus tard ils n'effectuaient pas en totalité ou en partie. Il suffit du plus simple examen pour s'assurer que ce que Justinien appelle contrat *litteris* n'a aucun des caractères de l'ancienne obligation littérale. Ce prince suppose tout simplement une *cautio* qui n'a été l'objet d'aucune contestation pendant les deux ans accordés au débiteur pour se plaindre, et c'est à cette *cautio* qu'il donne le nom d'obligation *litteris*: «*Sic fit ut et hodie, dum quæri non potest, scriptura obligetur, et ex ea nascitur condictio*», et il a le soin d'ajouter : *Cessante scilicet verborum obligatione,* pourvu que l'écrit ne

1. L. 4. Cod. De non numerata pecunia.
2. L. 7. Cod. hoc titulo.
3. Instit. III, tit. 21, de litterarum obligationibus.

serve pas à prouver une stipulation, sans quoi l'action naîtrait d'une obligation verbale, et non d'une obligation littérale. Mais de deux choses l'une : ou le *mutuum* que suppose la *cautio* a eu réellement lieu, ou il n'a pas eu lieu. S'il a eu lieu, c'est-à-dire si la *cautio* est sincère, c'est du *mutuum* que naît l'action appelée *condictio*. Si le prêt n'a pas eu lieu, à la vérité, après l'expiration des deux ans, la *condictio* est bien accordée au créancier; mais cette action provient, comme dans le premier cas, du *mutuum*, car, s'il n'a pas été accompli en fait, il existe du moins légalement. Il n'est donc pas vrai de dire que la *condictio* naisse de ce prétendu contrat *litteris*, lequel, corroboré par les délais, sert seulement de preuve à un *mutuum*. C'est ce *mutuum* qui donne naissance à l'action. Si Justinien a mentionné cette espèce d'obligation, c'est par esprit de routine pour Gaïus, c'est parce qu'il a voulu reproduire dans ses *Institutes* la division de ce jurisconsulte. Aussi, dans le Digeste, a-t-il retranché, dans les écrits des jurisconsultes, tout ce qui concernait cette espèce d'obligation, et n'est-il toujours question que des trois contrats, réels, verbaux et consensuels.

DROIT FRANÇAIS.

De la preuve de la filiation des enfants naturels.

INTRODUCTION.

Le but de notre travail est d'expliquer la théorie de la filiation des enfants naturels, telle qu'elle se trouve exposée dans les art. 334 à 342 du Code Napoléon.

Nous ne nous occuperons pas de la filiation des enfants adultérins et incestueux, qui, à eux seuls, pourraient former l'objet d'un travail considérable, ni de la condition civile des enfants naturels en Droit français, mais nous rechercherons quelles sont, dans notre Droit, les règles qui dominent la question si difficile et si pratique de la filiation des enfants naturels proprement dits.

Les rédacteurs du Code Napoléon n'ont consacré que sept articles à la question de la filiation des enfants naturels simples : ce sont les art. 334, 336, 337, 338, 339, 340 et 341 de ce Code; mais les nombreuses questions que ce laconisme a soulevées dans la pratique ont donné lieu à un grand nombre d'arrêts, dont l'ensemble constitue aujourd'hui un des plus beaux monuments de la jurisprudence.

Des jurisconsultes éminents ont traité à fond les délicates et difficiles questions de la filiation naturelle; nous n'avons voulu, dans ce travail si imparfait, qu'exposer d'une manière générale, dans la limite de nos forces, les règles consacrées par la législation, la jurisprudence et la doctrine sur la question de la filiation naturelle.

Puisse ce travail obtenir l'approbation de nos juges !

Notre thèse se divise en trois parties : dans la première, nous donnerons des notions générales et historiques sur la filiation illégitime ; dans la deuxième, nous traiterons de la preuve volontaire de cette filiation ou de la reconnaissance volontaire; une troisième partie sera consacrée à la reconnaissance forcée des enfants naturels.

PREMIÈRE PARTIE.

Notions générales et historiques sur les enfants illégitimes et particulièrement sur la filiation de ces enfants.

CHAPITRE PREMIER.

NOTIONS GÉNÉRALES.

Le Code Napoléon ne donne point de définition de l'enfant illégitime, mais l'on peut dire que, d'après les intentions du législateur, il faut considérer comme enfant illégitime celui qui est issu du commerce de deux personnes qui ne se trouvaient point, au moment de sa conception, engagées dans les liens du mariage.

Toutefois, il ne faudrait pas entendre cette définition dans un sens trop absolu : il est deux cas dans lesquels elle manquerait d'exactitude.

Ainsi, l'enfant né pendant le mariage est légalement présumé légitime, bien que de fait il puisse être illégitime (art. 312, C. Nap., 1er alin.) ; mais cette présomption légale de légitimité est une présomption *juris tantum*, qui peut être combattue par une action en désaveu introduite dans les conditions et dans les formes exigées par la loi (art. 312, 313 et 314, C. Nap.).

D'un autre côté, l'enfant né après la dissolution du mariage peut être illégitime de fait, et cependant la législation le considère comme légitime et n'accorde aux intéressés qu'une action en contestation de légitimité, dans le cas où l'enfant serait né plus de trois cents jours après la dissolution du mariage (art. 315, C. Nap.).

Dans l'un et l'autre cas dont nous venons de parler, l'illégitimité de l'enfant ne peut être prononcée que par un jugement rendu sur une action en désaveu ou en contestation de légitimité.

Le Code reconnaît deux sortes d'enfants illégitimes : les enfants naturels simples et les enfants adultérins et incestueux.

Les enfants adultérins et incestueux sont ceux dont la conception se place à une époque où les parents de l'enfant n'auraient pu être unis dans les liens du mariage, à raison d'empêchements dirimants provenant de l'existence d'un mariage antérieur ou de la parenté et de l'alliance.

Les enfants naturels simples sont ceux dont les parents auraient pu valablement se trouver unis par un mariage.

Cette division, qui ressort clairement des dispositions du Code Napoléon, et particulièrement de l'art. 335, a une grande importance pratique.

Ainsi, la loi considère tous les enfants illégitimes comme n'ayant ni pères ni mères, mais elle établit une ligne de démarcation bien tranchée entre ces deux classes d'enfants en ce qui concerne la reconnaissance et la légitimation.

Il est des cas où l'enfant naturel simple, bien que n'ayant aux yeux de la loi ni père ni mère, peut voir sa filiation légalement établie par suite d'une reconnaissance volontaire ou forcée (art. 334, 340 et 341, C. Nap.). Il y a mieux : l'enfant naturel peut voir la tache qui souillait sa naissance effacée complétement par le mariage subséquent de ses père et mère, et se trouver, par suite de cette légitimation, sur la même ligne que l'enfant légitime (art. 331 et suiv., C. Nap.).

Bien différente est la condition des enfants adultérins et incestueux ; pour eux, point de reconnaissance, point de légitimation possibles (art. 331, 335 et 342, C. Nap.). Si l'on examine la condition de ces deux catégories d'enfants, au point de vue des rapports juridiques existant entre eux et les auteurs de leurs jours, la différence n'est pas moins saillante : l'enfant naturel a certains droits de succession sur les biens de ses père et mère; l'enfant adultérin ou incestueux n'a droit qu'à des aliments (art. 762, 2e alin.).

Telles sont les règles fondamentales qui ont paru au législateur français concilier dans une juste mesure les intérêts de la justice et ceux de la morale publique.

Voyons s'il en a été de même à toutes les époques de notre Droit.

CHAPITRE DEUXIÈME.

NOTIONS HISTORIQUES.

§ 1er.

Droit romain.

Bien que le Droit français n'ait pas emprunté au Droit romain les principes et les règles qu'il a sanctionnés en matière de filiation naturelle, il n'est pas sans intérêt de voir la manière dont les Romains avaient envisagé et traité cette importante question.

A Rome, à côté du mariage régulier, *justæ nuptiæ*, il y avait une union licite, mais peu favorable, *le concubinat*, union dissoluble de sa nature, mais qui produisait néanmoins certains effets à l'égard de la femme comme à l'égard des enfants.

Les enfants nés de cette union licite, mais incomplète, étaient les *liberi naturales ;* ces *liberi naturales* formaient la principale branche des enfants conçus hors mariage, mais non pas la seule : à côté d'eux étaient les *spurii* ou *vulgo concepti, vulgo quæsiti;* enfin les enfants nés de relations criminelles, adultérins et incestueux, *ex nefario coitu nati.*

Les *spurii* sont les enfants qui ne peuvent nommer leur père, *quorum pater incertus* [1].

Quant aux enfants adultérins et incestueux, c'étaient les fruits d'unions coupables que la loi romaine condamnait; ils étaient repoussés de la famille, *nec alendi, nec naturales nominandi erant* [2].

1. Gaius, Comm. I, § 64.
2. Nov. 89. ch. 15.

Les *liberi naturales ex concubinatu* pouvaient seuls avoir leur filiation légalement reconnue; mais le père ni la mère n'avaient besoin, pour constater leurs rapports avec l'enfant, d'aucun acte qui ressemblait à la reconnaissance.

La preuve testimoniale, cette preuve par excellence chez les Romains, les autres preuves résultant des papiers émanés de l'un ou de l'autre parent[1], les registres du cens[2], les registres domestiques privés[3], la possession d'état[4] pouvaient également servir à l'enfant ou contre l'enfant pour établir sa filiation ou faire repousser sa demande, mais toujours avec la même force, c'est-à-dire en admettant la preuve contraire.

§ 2.

Ancien Droit français.

L'ancien Droit français se montrait très-facile pour la preuve de la filiation naturelle. Non-seulement elle pouvait résulter du simple aveu du père ou de la mère, mais la paternité naturelle, aussi bien que la maternité naturelle, pouvait se trouver constatée par les tribunaux.

L'action en recherche de paternité était admise d'une manière presque absolue; on suivait généralement cet adage: «*Creditur virgini se ab aliquo agnitam et ex eo prægnantem* «*esse*[5].»

Sous prétexte de donner satisfaction aux principes de la morale publique, en donnant à une femme le droit de faire connaître à la justice le père de son enfant, on avait ouvert la voie à une foule de scandales et d'abus. Il est vrai que cette maxime n'était pas appliquée dans toute sa rigueur, et que de bonne heure déjà on avait compris la nécessité d'en restreindre l'application à certains cas déterminés.

Ainsi, l'action en recherche de paternité ne pouvait pas

1. L. 29. Dig. de probationibus.
2. L. 5. Dig. de censibus.
3. L. 13, 16, 29, § 1. De probationibus.
4. L. 8 et 14. De probat.
5. Fabre, Codex definit. L. IV, tit. 14.

être dirigée contre un homme marié, *ne turbetur matrimonium;* elle ne pouvait pas être intentée par les femmes publiques ou de mauvaise vie, *meretrices*. Certaines coutumes avaient même été plus loin et n'avaient autorisé cette instance qu'entre la servante et son maître.

Du reste, la simple déclaration ne suffisait pas pour faire admettre l'action : il fallait des preuves ou tout au moins des présomptions précises et concordantes, et c'est en cela que la paternité devenait surtout une source de scandales.

Les enfants illégitimes avaient reçu le nom de *bâtards*, terme de mépris que le législateur moderne n'a pas conservé. On avait frappé les bâtards d'une foule d'incapacités au point de vue des droits civiques et de famille. La *bâtardise* était un obstable aux ministères et aux dignités ecclésiastiques; le bâtard n'avait aucun droit dans la succession de ses père et mère, incapable également de recevoir d'eux par actes entre vifs ou par testament et à titre universel, il n'avait droit qu'à des aliments, et s'il venait à mourir *ab intestat* sans laisser d'enfants légitimes ou de conjoint, ses biens revenaient au roi ou au seigneur justicier *par droit de bâtardise*.

Telle était, en général et sauf certaines différences qui variaient suivant les nombreuses coutumes qui régissaient la France, la situation que l'ancien droit faisait aux enfants naturels.

§ 3.

Droit intermédiaire.

La période du droit intermédiaire, dit M. Demolombe[1], est marquée par une double réaction qui modifie tout à la fois, en sens contraire, le mode de preuve et les effets de la filiation naturelle.

Autant le droit ancien s'était montré facile dans l'admission des moyens de preuve de la filiation naturelle, autant la législation intermédiaire recommanda-t-elle aux juges de

1. Demolombe, t. V, p. 350.

se montrer sévères et exigeants dans l'admission de cette action. C'était déjà un grand pas fait dans la voie des améliorations et qui devait conduire de là à l'abolition complète de la recherche de la paternité.

Mais, en soumettant les preuves de la filiation illégitime à des garanties plus sévères, les lois intermédiaires accordèrent en même temps aux enfants naturels le même état et les mêmes droits qu'aux enfants légitimes : c'était une grave atteinte portée à la sainteté du mariage[1].

§ 4.

Code Napoléon.

A la différence de la législation ancienne et du droit intermédiaire, le Code Napoléon prohibe d'une manière générale la recherche de la paternité. Partant de ce principe qu'il est impossible de prouver le fait de la paternité, il l'abolit d'une manière presque absolue et ne la laisse subsister que dans un seul cas. Plus humain que l'ancien droit, mais plus moral que le droit intermédiaire, le Code Napoléon a compris les véritables intérêts de la société en accordant aux enfants naturels un état, une capacité juridique particulière. Nous verrons dans la partie spéciale de notre travail combien le législateur français a cherché à maintenir l'honneur du mariage et des familles sans sacrifier pourtant les enfants naturels, victimes innocentes de la faute de leurs auteurs, mais, avant d'entrer dans le détail des dispositions du Code à cet égard, il est bon de jeter un coup d'œil rapide sur les principales législations en vigueur autour de nous, et de voir jusqu'à quel point elles ont compris leur tâche dans le règlement de la question qui nous occupe.

1. Lois du 4 juin 1793, du 12 brumaire an II, du 3 vendémiaire an IV, du 26 vendém. an IV, du 15 thermidor an IV, du 2 ventôse an VI.

§ 5.

Coup d'œil sur les législations étrangères.

Les législations des principaux peuples de l'Europe admettent en faveur des enfants naturels le bénéfice de la reconnaissance, en vertu de laquelle ils peuvent jouir de certains droits de famille plus ou moins étendus.

Le Code sarde, celui de la Louisiane, le Code prussien et le Code autrichien admettent la recherche de la paternité et de la maternité, tout en restreignant la première dans certaines limites. Ainsi, d'après la loi sarde, l'action en recherche de paternité ne peut être intentée pendant la vie du père prétendu[1].

Le Code de la Louisiane permet la recherche de la paternité en faveur des enfants libres et blancs, et en faveur des enfants de couleur libres, mais seulement lorsque le père qu'ils recherchent est homme de couleur[2].

DEUXIÈME PARTIE.

De la reconnaissance volontaire de la filiation naturelle.

CHAPITRE PREMIER.

GÉNÉRALITÉS.

Ainsi que nous l'avons établi dans la première partie de notre travail, la loi établit une profonde différence entre les enfants naturels simples et les enfants adultérins et incestueux.

Ceux-ci, destitués par la loi du droit de prouver de quelque manière que ce soit leur filiation paternelle ou maternelle, ne peuvent recevoir d'eux que des aliments; les enfants naturels simples, au contraire, peuvent avoir leur filiation

1. Code sarde, art. 185.
2. Code de la Louisiane, art. 226.

légalement établie et jouir, dans leurs rapports avec les auteurs de leurs jours, de certains droits et avantages déterminés par le Code.

Mais de quelle manière cette filiation peut-elle être prouvée? Si l'on ne consultait que le droit commun, on devrait accorder la plus grande latitude à l'enfant qui demande à faire preuve de son origine, puisqu'il ne s'agit pas d'une convention dont il eût dû dresser acte, mais d'un fait qu'il lui était évidemment impossible de faire constater.

Toutefois, la crainte qu'on n'usurpe trop facilement un état à l'aide de témoignages que la nature occulte des faits permettrait difficilement de contrôler, a fait sacrifier l'intérêt de quelques enfants qui se trouveraient dépourvus des conditions requises pour la preuve, à celui de la société dont la base repose sur l'intégrité de la famille.

Le Code Napoléon décide que la preuve de la filiation naturelle ne peut résulter que d'une reconnaissance émanée du père ou de la mère. Cependant un jugement qui déclare un homme ou une femme père ou mère de tel enfant procréé hors mariage produit, en général, les mêmes effets qu'une reconnaissance émanée du père ou de la mère[1].

On peut donc distinguer deux sortes de reconnaissance : la reconnaissance volontaire et la reconnaissance forcée.

Dans cette deuxième partie, nous traiterons de la reconnaissance volontaire; la troisième sera consacrée à la reconnaissance forcée.

CHAPITRE DEUXIÈME.

DÉFINITION ET CARACTÈRES DE LA RECONNAISSANCE.

La reconnaissance d'un enfant naturel est l'acte solennel par lequel un homme ou une femme déclare qu'il est le père ou qu'elle est la mère de tel enfant procréé hors mariage.

Nous disons : *acte solennel,* car la reconnaissance est soumise par la loi à certaines conditions extrinsèques ou de

1. Aubry et Rau, t. IV, p. 667.

forme dont l'existence est indispensable à la validité de la reconnaissance.

Contrairement au droit commun qui n'exige pas, pour les actes juridiques, des formes extérieures nécessaires à leur validité, le législateur, pour des motifs de haute convenance, proclame ici la règle exceptionnelle : *forma dat esse rei* (art. 334, C. Nap.).

Nous disons : acte solennel *par lequel un homme déclare qu'il est père, ou une femme déclare qu'elle est mère de tel enfant*..... La reconnaissance, en effet, n'est pas seulement un acte solennel, mais un acte purement personnel à celui de qui elle émane; il n'appartient pas plus à un homme, qui reconnaît un enfant, de lui attribuer pour mère telle femme, qu'il n'est au pouvoir d'une femme d'attribuer à tel ou tel homme la paternité de l'enfant qu'elle a reconnu (art. 336, C. Nap.).

Enfin nous disons : père ou mère *de tel enfant procréé hors mariage*. En effet, il est nécessaire que la reconnaissance soit individuelle, c'est-à-dire qu'elle désigne individuellement l'enfant au profit duquel elle est faite[1]. En vain argumenterait-il d'une possession d'état conforme à la reconnaissance, il ne sera jamais admis à s'en prévaloir d'une manière efficace.

Tels sont les trois caractères essentiels de la reconnaissance; examinons maintenant quelles sont les conditions exigées pour la validité de la reconnaissance.

CHAPITRE TROISIÈME.

DES CONDITIONS EXIGÉES POUR LA VALIDITÉ DE LA RECONNAISSANCE.

§ 1er.

Des personnes qui peuvent faire une reconnaissance.

La reconnaissance ne peut être faite que par le père, quant à la filiation paternelle, et par la mère, en ce qui con-

1. Lyon, 29 ventôse an XII. Dalloz, t. 8, p. 639.

cerne la filiation maternelle, ou par leurs fondés de pouvoir (art. 336, 337, 339, C. Nap.). Nul autre ne pourrait faire pour eux, sans mandat, cette reconnaissance.

Ainsi, un père ou une mère ne pourrait reconnaître l'enfant naturel de son fils ou de sa fille [1].

Le tuteur ne pourrait pas reconnaître l'enfant naturel du mineur ou de l'interdit.

La mère d'un enfant naturel ne pourrait pas le reconnaître pour le père, pas plus, réciproquement, que le père de cet enfant ne pourrait le reconnaître pour la mère.

Mais si l'un des parents reconnaît l'enfant naturel, peut-il, dans l'acte de reconnaissance, désigner la personne avec laquelle il a procréé cet enfant? Nous croyons qu'il faut distinguer entre le père et la mère de l'enfant naturel [2].

La mère, en reconnaissant son enfant, n'a pas le droit de désigner le nom du père, et si une pareille désignation avait été faite, l'officier public et la mère pourraient être exposés à une action en dommages et intérêts de la part de l'individu désigné comme père, et même à une poursuite en diffamation; c'est ce qui nous semble résulter virtuellement du principe proclamé dans l'art. 340 du Code Napoléon, qui n'autorise que les reconnaissances volontaires de paternité naturelle, de l'art. 35 du même Code, qui ne permet aux officiers de l'état civil d'insérer dans les actes qu'ils recevront, soit par note, soit par énonciation quelconque, que ce qui doit être déclaré par les comparants, et des art. 13 et 18 de la loi du 17 mai 1819 sur la diffamation.

Ce point est du reste reconnu par la majorité des auteurs, et confirmé par une jurisprudence constante.

Une solution différente doit être admise, selon nous, en ce qui concerne le père naturel : l'homme qui reconnaît un enfant naturel doit être admis à déclarer, sous sa responsabilité, la mère de cet enfant, et l'officier public qui reçoit la reconnaissance ne pourrait se refuser à recevoir cette déclaration [3].

1. Loiseau, Des enfants naturels, p. 446.
2. Aubry et Rau, t. IV, p. 668.
3. Ibidem.

Nous fondons notre manière de voir sur la disposition de l'art. 336 du Code Napoléon et sur les motifs qui ont présidé à la rédaction de cet article. L'art. 336, avant d'être rédigé tel qu'il est dans le Code, avait primitivement subi trois transformations successives. La section de législation avait proposé d'abord un article ainsi conçu :

«Toute reconnaissance du père seul, non avouée par la mère, sera de nul effet, tant à l'égard du père que de la mère, sans préjudice néanmoins de la recherche de la maternité et de ses effets contre la mère seulement[1]» ; mais cette rédaction fut écartée par la raison qu'elle subordonnait la reconnaissance du père à l'aveu de la mère, qu'elle enlevait absolument au père la faculté de reconnaître son enfant, et à l'enfant les avantages de cette reconnaissance.

La seconde rédaction, ainsi conçue : «La reconnaissance du père, si elle est désavouée par la mère, sera de nul effet» fut également repoussée par le conseil d'Etat, et remplacée, après une troisième modification, par la disposition actuelle qui décide que la reconnaissance du père, sans l'indication et l'aveu de la mère, n'a d'effet qu'à l'égard du père. De cette disposition nous concluons *a contrario* que la reconnaissance du père avec l'indication et l'aveu de la mère a effet même à l'égard de celle-ci.

Cette proposition constitue le point de départ d'une théorie que nous examinerons ultérieurement, à savoir que l'authenticité n'est pas requise pour la reconnaissance de la mère dans le cas où le père l'aurait indiquée dans sa reconnaissance, le simple aveu suffit. Ainsi donc l'indication dont nous nous occupons a un but avoué par la loi et fournit un des éléments importants de la preuve de la reconnaissance maternelle, et dès lors on ne peut refuser au père le droit de faire une pareille déclaration.

De nombreux arrêts ont sanctionné cette doctrine à laquelle s'est rangée la majorité des jurisconsultes[2]; néanmoins elle a

1. Locré, Législ. civ. VI, 130.

2. Cassat., 22 juin 1813 ; Sirey, 1813, I, 281. — Douai, 25 janvier 1819 ; Sirey, 1820, II, 102. — Cassat., 26 avril 1824 ;

rencontré dans M. Demolombe un éloquent adversaire : M. Demolombe invoque les droits et les intérêts de la mère : «Comment, dit-il, vous permettez à un homme, au premier «venu qui reconnaît un enfant naturel, vous lui permettez «de désigner la femme qu'il prétend être la mère, lors «même que cette femme, de son côté, n'a rien avoué encore «ni rien fait ! Vous le lui permettez, parce qu'il est possible «que, plus tard, cette femme laisse échapper un écrit privé «ou donne des soins à un enfant ! Mais, en attendant, la «voilà déclarée mère d'un enfant naturel ! La voilà compro-«mise et flétrie[1] !»

Ces raisons peuvent paraître spécieuses, mais elles ne sont point péremptoires ; elles tendent, croyons-nous, à confondre le domaine du droit avec le domaine de la morale ; sans doute, de grandes injustices peuvent être commises, *summum jus summa injuria,* mais le jurisconsulte doit se conformer aux règles de l'interprétation doctrinale et rechercher avant tout dans le texte et l'esprit de la loi la véritable intention du législateur.

La reconnaissance, avons-nous dit, peut être faite par le père ou la mère ou par leurs fondés de pouvoir.

Le mandat donné à cet effet devra réunir les conditions intrinsèques requises pour sa validité, telles qu'elles se trouvent exposées dans les art. 1984-1991 du Code Napoléon.

Avant la loi du 21 juin 1843, art. 3, qui prescrit, à peine de nullité, l'authenticité de la procuration pour consentir à une reconnaissance d'enfant naturel, la question de savoir si la procuration devait être en tous cas rédigée par acte authentique était fortement controversée.

M. Duranton[2] faisait une distinction : selon lui, si la reconnaissance était faite devant un officier de l'état civil, la

Sirey, 1824, I, 317. — Paris, 20 avril 1839 ; Dev. 1839, II, 249. — Toullier, II, n° 927. — Duranton, III, n° 245 ; Taulier, I, 427. — Aubry et Rau, t. IV, p. 673.

1. Demolombe, t. V, p. 362 ; Valette sur Proudhon, 142. II.

2. Duranton, III, 222.

procuration devait être spéciale et authentique (art. 36, C. Nap.); au contraire, si la reconnaissance était faite devant tout autre officier public, la procuration pouvait être faite sous seing privé ou dans une lettre missive (art. 1985, C. Nap.).

Nous croyons avec la majorité des auteurs et un grand nombre d'arrêts que cette distinction devait être rejetée parce qu'elle allait contre les intentions du législateur. Que voulait la loi? Prévenir les surprises, les séductions ; or, cette sage prévoyance aurait été absolument trompée, si le mandat à l'effet de reconnaître un enfant naturel eût pu être donné par acte sous seing privé.

Aujourd'hui, cette question n'en est plus une en présence de l'art. 2 de la loi du 21 juin 1843, ainsi conçu : « A l'avenir, les actes notariés contenant donation entre vifs, donation entre époux pendant le mariage, révocation de donation ou de testament, *reconnaissance d'enfant naturel, et les procurations pour consentir ces divers actes,* seront, à peine de nullité, reçus conjointement par deux notaires ou par un notaire en présence de deux témoins.»

Rien ne s'oppose, du reste, à ce que la procuration soit délivrée en brevet (art. 20 de la loi du 25 ventôse an XI).

§ 2.

De la capacité requise pour faire une reconnaissance.

Le Code ne détermine point les conditions de capacité requises pour faire une reconnaissance; l'intention du législateur était de laisser cette question sous l'empire des règles du droit philosophique.

Il faut, pour reconnaître un enfant naturel, être capable de volonté d'après les principes du droit naturel[1], avoir ce que les Romains qualifiaient d'*intellectus* et d'*animi judicium.*

1. Aubry et Rau, IV, p. 668. Toullier, II, n° 962. Proudhon, t. II, n° 181. Demolombe, V, n°s 387 et 388.

Cependant quelques auteurs et notamment MM. Loiseau et Malpel[1] ont prétendu que l'art. 1124 du Code Napoléon était applicable, qu'il fallait, pour reconnaître, être capable de contracter.

Cette opinion ne nous semble pas acceptable : le législateur avait en vue, dans les art. 334-342, de régler toute la matière de la filiation; or, on ne trouve pas dans ces articles de disposition expresse ou virtuelle qui se réfère à l'art. 1124; bien plus, l'art. 337 suppose très-explicitement que la femme mariée peut faire une reconnaissance sans autorisation de son mari ni de justice[2]; au reste, il est facile de comprendre pourquoi le législateur a statué ainsi : le fait dont il s'agit n'est pas, comme le mariage ou le testament, un fait que la loi puisse empêcher avant un certain âge; c'est une faute, c'est un désordre, et il paraît rationnel que, dès qu'il a eu lieu, il puisse être reconnu et réparé.

De ce principe résulte que la reconnaissance d'un enfant naturel peut être faite, en l'absence du tuteur, soit par un mineur non émancipé[3], soit par un individu judiciairement interdit qui se trouve dans un intervalle lucide[4], soit par une personne frappée d'interdiction légale.

Elle peut être faite par la femme, sans autorisation de son mari ni de la justice; par le mineur émancipé sans l'assistance de son curateur[5].

Telle est, selon nous, la manière dont doit se résoudre cette question de capacité dans la théorie qui nous occupe.

§ 3.

Des conditions intrinsèques de la reconnaissance.

La reconnaissance d'un enfant naturel considérée comme

1. Malpel, Revue de législation, t. IV, p. 43. Loiseau, p. 483.
2. Rolland de Villargues, des Enfants naturels, n° 241.
3. Toullier, II, n° 962. Loiseau, p. 483. Taulier, I, p. 423. Douai, 17 mars 1840, Dev. 1840, II, 255. Orléans, 16 janvier 1847, Dev., 1847, II, 17.
4. Loiseau, p. 487.
5. Aix, 3 décembre 1817. Sirey, 1817, II, 693.

manifestation de volonté, doit réunir toutes les conditions exigées pour les manifestations de volonté en général (art. 1109, C. Nap.).

Ainsi, la reconnaissance doit être exempte de dol, d'erreur ou de violence[1]. Les art. 1110-1117 sur le consentement en général sont ici, en tous points, applicables.

Certains auteurs sont même plus exigeants ; ils veulent que la reconnaissance soit non-seulement libre, mais spontanée[2], c'est-à-dire qu'elle n'ait pas été faite pour terminer ou pour prévenir des poursuites judiciaires ou extrajudiciaires en recherche de paternité ou de maternité.

D'autres font une distinction qui nous paraît fondée en raison et en équité. D'après ces auteurs[3], la reconnaissance faite par le père d'un enfant naturel depuis la loi du 12 brumaire an II, qui a restreint dans certaines limites la recherche de la paternité, est valable lors même qu'elle aurait été provoquée par des poursuites judiciaires ou extrajudiciaires, mais qu'on devait statuer le contraire pour les reconnaissances antérieures à la promulgation de cette loi, puisque, sous le régime d'alors, avec ses abus et ses scandales, l'homme menacé d'une recherche de paternité n'avait souvent rien de mieux à faire que d'arrêter ainsi une action à laquelle les lois le livraient sans garantie et sans défense.

Cette opinion admise par MM. Aubry et Rau, et Duranton, a également pour elle la jurisprudence.

§ 4.

De la sincérité de la reconnaissance.

La reconnaissance doit être l'expression de la vérité : il faut que la personne qui a reconnu un enfant naturel soit réellement le père ou la mère de cet enfant. Le texte et

1. Demolombe, V, 431. Aubry et Rau, IV, p. 671.
2. Loiseau, 505 et 506. Rolland de Villargues, 209. Richefort, II, 251.
3. Aubry et Rau, IV, p. 671. Demolombe, V, 431. Delvincourt, I, 208. Duranton, III, 220.

l'esprit de la loi, ainsi que les travaux préparatoires qui en ont précédé la rédaction, prouvent que le législateur a entendu faire de la sincérité de la reconnaissance une condition de sa validité[1].

Toute reconnaissance pourra être contestée par tous ceux qui y auront intérêt, dit l'art. 339 du Code Napoléon.

Ainsi, liberté complète d'attaquer toute reconnaissance, tel est le principe posé par l'art. 339 du Code Napoléon. Quelque générale que paraisse la disposition de cet article, elle doit être restreinte dans de justes bornes qu'il est facile de définir, pour peu qu'on se reporte à l'esprit de la loi. Ce que le législateur moderne a voulu avant tout, c'est éviter les scandales et les abus; or, si l'on admettait d'une manière absolue le droit pour toute personne de contester la reconnaissance d'un enfant naturel sous un prétexte quelconque, on ferait revivre les procès de l'ancien régime; dans quelles limites faut-il donc circonscrire l'application de l'art. 339? Laissons parler M. Duveyrier: «C'est l'acte lui-même, dit cet orateur, qu'il s'agira d'attaquer; sa forme, si elle n'est pas authentique ou si elle est irrégulière; *son contexte, si le mensonge et la fraude l'ont dicté;* mais qu'on veuille affaiblir le crédit de cet acte, ou changer ses résultats par l'enquête scandaleuse d'un fait qui serait étranger à l'acte contesté; que des collatéraux, par exemple, pour diminuer la portion que la loi donnera à l'enfant naturel dans la succession de son père, et le réduire aux aliments charitables réservés à l'enfant du crime, prétendent que cet enfant, reconnu par un père libre, est entaché d'adultère du côté de la mère, inconnue et non désignée dans l'acte, nous devons penser qu'ils ne seront point écoutés.»

Nous concluons de ce qui précède qu'indépendamment des conditions de fond dont nous avons traité dans les paragraphes précédents, et indépendamment des conditions de forme dont nous parlerons au paragraphe suivant, la reconnaissance entachée de mensonge peut être attaquée, et que

1. Aubry et Rau, IV, p. 671. Delvincourt, I, 241. Duranton, III, 260. Aix, 22 décembre 1852, Sirey, 54, 2, 321.

la sincérité de la reconnaissance est une condition de sa validité.

§ 5.

De la forme de la reconnaissance.

L'art. 334 du Code Napoléon porte : «La reconnaissance d'un enfant naturel sera faite par acte authentique lorsqu'elle ne l'aura pas été dans son acte de naissance.» Le Code Napoléon consacre ici une exception au droit commun en exigeant l'authenticité comme condition de la reconnaissance.

Divers motifs ont déterminé le législateur à prescrire l'authenticité de la reconnaissance : d'abord il a voulu prévenir le danger des surprises et des séductions, danger moins grave lorsque l'acte est reçu par un officier public ; ensuite il a voulu donner à l'état civil de l'enfant une base plus solide et plus durable que celle qui résulterait d'un simple acte sous seing privé.

Dans un cas seulement, le législateur s'est départi de cette règle : lorsque le père, en reconnaissant son enfant, aura indiqué le nom de la mère, l'aveu de celle-ci, de quelque manière qu'il soit formulé, suffira pour établir la reconnaissance à son égard (art. 336, C. Nap.).

Cette interprétation résulte *a contrario* de l'art. 336 du Code Napoléon, et trouve sa justification dans les travaux préparatoires du Code. Nous avons déjà vu qu'elle était vivement critiquée par quelques auteurs et notamment par M. Demolombe, qui l'attaque au point de vue de la justice, de l'équité. Sans revenir sur ce que nous avons dit précédemment, nous ajouterons que cette théorie peut rationnellement se justifier. En établissant dans cette matière une différence entre le père et la mère, le Code est resté fidèle à ses principes : la paternité ne peut jamais être mise en question, mais rien n'empêche que la question de maternité soit l'objet de débats judiciaires (art 341, al. 1er). Selon nous, l'aveu tacite résultant de toutes circonstances tendant à établir que la mère a avoué sa maternité et notamment des soins qu'elle a donnés à l'enfant, suffira pour fonder une reconnaissance valable; mais hors ce cas unique, l'authenticité est requise, car *exceptio est strictissimæ interpretationis*[1].

L'acte de reconnaissance doit donc être passé en la forme authentique. Ici plusieurs questions se présentent : 1° Quels sont les officiers publics compétents pour recevoir une reconnaissance? 2° Quel est l'acte authentique exigé spécialement pour une reconnaissance? 3° En quels termes cette reconnaissance doit-elle être faite? 4° Dans quelle forme l'acte authentique doit-il être passé?

Examinons successivement chacun de ces points :

I. Quels sont les officiers publics compétents? Ce sont :

1° Les notaires, car ils sont établis par la loi pour recevoir tous les actes et contrats auxquels les parties doivent ou veulent faire donner le caractère d'authenticité[2] (art. 1er, loi du 25 vent. an XI).

2° Les officiers de l'état civil[3] (art. 334, 55, C. Nap.). Ils sont compétents non-seulement pour recevoir une reconnaissance faite dans un acte de naissance, mais encore pour recevoir une reconnaissance faite indépendamment de toute déclaration de naissance.

3° Les juges de paix siégeant en bureau de conciliation. D'après l'art. 54 du Code de procédure, dernier alinéa, les énonciations insérées au procès-verbal du juge de paix siégeant en conciliation n'ont que force d'obligation privée, mais personne n'ignore que cette disposition n'a été introduite dans le Code de procédure qu'afin que, dans les actes constitutifs ou translatifs de droits réels, le ministère des notaires ne fût pas éludé; mais le procès-verbal n'en est pas moins authentique, puisqu'il est dicté par un magistrat et rédigé par un officier public[4].

1. Toullier, II, 927. Duranton, III, 245. Aubry et Rau, IV, 681. Richefort, II, 278. Bordeaux, 11 mars 1853. Sirey, 53, 2, 322. Paris, 21 novembre 1853, Sirey, 56, 2, 719.

2. Loiseau, p. 451. Duranton, III, 212. Demolombe, V, 374.

3. Locré, Législ. civile, t. IV, p. 31.

4. Cassat. 6 janvier 1808, Sirey, 1808, 1, 86. Duranton, III, n° 221. Loiseau, p. 457. Valette, sur Proudhon, t. II, p. 149.

On a été jusqu'à dire que le juge de paix pouvait, en toutes circonstances, recevoir les reconnaissances d'enfant naturel[1], mais nous croyons que cette opinion doit être rejetée : il n'y a qu'un cas où elle devrait être admise, c'est à l'occasion d'une reconnaissance faite volontairement dans le cours d'une instance.

4° Les juges commissaires ou instructeurs. Ce point nous semble hors de toute discussion. En effet, quand, dans le cours d'une enquête ou d'un interrogatoire, une des parties avoue qu'elle a un tel pour enfant naturel, et quand le juge constate cet aveu dans le procès-verbal, si ce procès-verbal est rédigé avec les formalités requises, il est authentique, et dès lors on se trouve dans les termes de l'art. 334[2].

5° Les tribunaux de quelque ordre que ce soit[3]. Quand, dans le cours de quelque instance, une des parties en cause reconnaît tel enfant pour sien, la partie adverse peut demander acte de cet aveu, et il ya alors véritable reconnaissance d'enfant naturel, puique le jugement est un acte authentique.

6° En dehors du territoire français, divers autres officiers publics sont compétents pour recevoir une reconnaissance efficace aux yeux de la loi française.

Tels sont, en pays étrangers, les agents diplomatiques (art. 48, C. Nap.); les officiers destinés à donner dans ces pays caractère authentique aux actes (art. 47, C. Nap.); les officiers de l'armée constatant les actes de l'état civil relatifs aux militaires absents du territoire français; les officiers de marine, dont il est question dans l'art. 59 du Code Napoléon pourraient également recevoir des reconnaissances pendant un voyage sur mer.

Voyons maintenant la contre-partie de la question : Les officiers publics autres que ceux que nous venons de citer sont radicalement incompétents pour recevoir une reconnaissance.

1. Duranton, III, n° 212. Richefort, t. II, n° 244.
2. Valette, sur Proudhon, t. II, p. 149. Demolombe, V, 376.
3. Aubry et Rau, IV, 678.

Tels sont les fonctionnaires de l'ordre administratif, les maires, préfets, etc., etc., les huissiers, les greffiers de n'importe quelle juridiction. Il n'entre point, en effet, dans les attributions de ces officiers publics de recevoir des actes qui sont absolument en dehors de leur ministère[1].

II. Quel est l'acte authentique exigé pour une reconnaissance d'enfant naturel?

La loi ne dit pas que la reconnaissance doit être faite dans un acte authentique rédigé *ad hoc;* dès lors il faut admettre qu'un acte authentique quelconque suffit dès qu'il est reçu par l'un ou l'autre des officiers publics compétents. Ici, l'interprétation doit et peut être extensive, puisque la loi doit favoriser les reconnaissances d'enfant naturel, et que, d'un autre côté, le but que le législateur se propose, en exigeant l'authencité, sera toujours atteint; ce que le législateur veut avant tout, c'est proscrire les reconnaissances sous seing privé.

Il faut donc considérer comme valable la reconnaissance faite dans l'acte de mariage de l'enfant ou dans un testament public[2], c'est-à-dire dans un testament reçu par un ou deux notaires, en présence de quatre ou de deux témoins; nous croyons même que, dans ce dernier cas, elle serait tout aussi irrévocable que partout ailleurs, bien que le testament soit en lui-même révocable, puisque le testament n'est qu'un projet, tandis que la reconnaissance est un aveu, un fait, et qu'un fait, dès qu'il existe, est indestructible.

La reconnaissance pourra être faite dans l'acte de suscription d'un testament mystique[3] (Arg., art. 1007), ainsi que dans l'acte de dépôt d'un testament olographe, pourvu que l'acte de dépôt dressé à cette occasion contienne copie littérale ou du moins relation de la teneur de l'acte déposé en ce qui concerne la reconnaissance [4].

1. Loiseau, p. 452-456. Cass. 16 mai 1809. Sirey, 1809, 1, 377. *Contra :* Marcadé sur l'art. 334, n° 1.
2. Bastia, 5 juillet 1826. Sirey, 1827, II, 106.
3. Duranton, t. III, n° 217. Richefort, t. II, n° 254.
4. Demolombe, V, p. 382.

III. En quels termes la reconnaissance doit-elle être faite? Faut-il que l'on emploie des termes déclaratifs, ou bien des termes énonciatifs suffiraient-ils ?

Nous croyons, avec la jurisprudence, qu'il serait contraire à l'esprit de la loi d'exiger, en matière de reconnaissance, un aveu conçu en termes déclaratifs[1]; nous croyons qu'un enfant naturel serait authentiquement reconnu dans un contrat de mariage où il aurait pris la qualité de fils ou de fille d'un *tel*, qui aurait approuvé et signé le contrat. De même, la clause d'un testament public, contenant un legs au profit d'une personne que le législateur qualifierait son enfant naturel, constituerait une reconnaissance valable.

IV. Dans quelle forme l'acte authentique contenant une reconnaissance doit-il être passé ?

Il faut distinguer entre les différents actes authentiques, selon qu'ils auront été passés par tel ou tel officier public.

Les notaires devront se conformer aux dispositions prescrites par la loi du 25 ventôse an XI sur le notariat; les officiers de l'état civil doivent rédiger l'acte de reconnnaissance suivant les formes ordinaires des actes de l'état civil; l'art. 62 du Code Napoléon exige formellement que l'acte soit inscrit sur les registres à sa date, et qu'il en soit fait mention en marge de l'acte de naissance, s'il en existe un.

Les procès-verbaux et jugements constatant les reconnaissances faites soit au bureau de conciliation, soit dans le cours d'un interrogatoire, d'une enquête ou d'une instance, doivent être rédigés suivant les formes ordinaires des actes de cette nature[2].

§ 6.

Résumé du chapitre. De l'époque à laquelle la reconnaissance peut être faite.

Nous venons d'établir que cinq conditions sont nécessaires pour assurer la validité de la reconnaissance : 1° Qualité de

1. Agen, 16 avril 1822. Sirey, 1823, II, 65. Paris, 2 janvier 1819. Sirey, 1819, II, 146. Rolland de Villargues, n° 227.
2. Aubry et Rau, t. IV, p. 678.

la personne; 2° sa capacité ; 3° conditions intrinsèques de la reconnaissance; 4° sa sincérité; 5° son authenticité.

Ces conditions sont les seules que la loi exige. La reconnaissance peut donc être faite à toute époque; elle peut être faite soit séparément, soit simultanément par le père et la mère de l'enfant[1]; elle peut être faite avec ou sans le consentement de l'enfant et même contre son gré[2]. Néanmoins, de ces trois questions l'une est controversée.

Personne ne conteste que la reconnaissance puisse avoir lieu séparément ou simultanément par le père et la mère, la discussion qui s'est élevée au conseil d'État à propos de ce point de doctrine ne peut laisser aucun doute à cet égard; tout le monde reconnaît aussi que la reconnaissance est un aveu, une déclaration unilatérale, qui ne saurait, en aucune manière, être assimilée à un contrat exigeant le concours de deux personnes, de l'auteur de la reconnaissance et de l'enfant qu'on reconnaît; mais tous les interprètes ne sont pas d'accord sur la troisième solution.

Nous croyons que l'enfant peut être reconnu non-seulement quand il est déjà né et vivant, mais encore lorsqu'il n'est que conçu, et même après sa mort, sans distinguer s'il a laissé ou non des descendants légitimes[3]. Toutefois, cette proposition n'est pas généralement acceptée d'une manière aussi complète et aussi absolue par tous les auteurs. On convient que l'enfant simplement conçu peut être reconnu par ses parents, et en cela on ne fait qu'appliquer la maxime romaine adoptée par notre Code : *Infans conceptus pro nato habetur quotiescunque de commodis ejus agitur ;* mais lorsqu'un enfant naturel *qui n'a point laissé d'enfants legitimes* est reconnu *après son décès*, cette reconnaissance doit-elle être considérée comme valable? Donne-t-elle aux père et mère qui l'ont faite le droit de succéder à leur enfant? Plusieurs auteurs[4] ont adopté la négative, par analogie avec

1. Aubry et Rau, t. IV, p. 672. Demolombe, V, 384-386.
2. Duranton, III, 260. Demolombe, V, 412.
3. Loiseau, 421. Rolland de Villargues, n° 247. Aubry et Rau, IV, 673. Demolombe, V, 414.
4. Entre autres M. Delvincourt, I, not. 6, p. 91.

la légitimation (art. 332, C. Nap.) qui ne peut jamais avoir lieu au profit d'un enfant naturel décédé sans postérité, et font application de l'adage: *Nemo auditur turpitudinem suam allegans*. Nous adoptons l'affirmative avec MM. Aubry, Rau, Valette et Demolombe[1], par ces motifs que la loi n'a subordonné la validité de la reconnaissance à aucune condition de temps, elle ne fixe aucun délai, donc elle peut être faite valablement à toute époque. L'argument par analogie tiré de l'art. 332 sur la légitimation peut être facilement combattu. Pourquoi l'art. 332 n'autorise-t-il point la légitimation des enfants naturels décédés sans postérité légitime? C'est que cette reconnaissance serait absolument inutile, d'une part, à l'enfant, parce qu'il est décédé, et, d'autre part, à ses parents, parce que la reconnaissance d'un enfant naturel *décédé sans postérité* leur donne les mêmes droits que la légitimation. En ce qui concerne la maxime romaine invoquée à l'appui de la théorie adverse, il est vrai de dire que, bien souvent, la reconnaissance d'un enfant naturel décédé sans postérité légitime ne sera qu'une spéculation honteuse, mais bien souvent aussi la reconnaissance posthume sera excusable, il est un cas même où elle serait irréprochable, c'est lorsqu'elle aura été faite dans l'ignorance du décès de l'enfant.

CHAPITRE QUATRIÈME.

DES CONSÉQUENCES ATTACHÉES A L'INOBSERVATION DES CONDITIONS EXIGÉES EN MATIÈRE DE RECONNAISSANCE. — DES RECONNASSANCES NON EXISTANTES ET NULLES.

§ 1er.

Généralités.

Nous avons établi au chapitre précédent quelles étaient les conditions exigées par la loi pour la reconnaissance; examinons dans ce chapitre les conséquences qu'entraîne le

1. Aubry et Rau, t. IV, 673. Valette, t. II, p. 150. Demolombe, V, 417.

défaut d'observation des conditions que nous venons d'énumérer.

Ces conséquences peuvent être de deux sortes. Par suite de l'absence de l'une ou l'autre des conditions précitées, la reconnaissance sera frappée de non-existence ou de nullité[1]. Examinons avec quelques détails chacune de ces deux hypothèses.

§ 2.

Non-existence de la reconnaissance.

Ce paragraphe soulève deux questions : 1° Dans quels cas la reconnaissance devra-t-elle être considérée comme non existante? 2° Quelles sont les personnes qui peuvent se prévaloir de cette non-existence ?

Il faut considérer la reconnaissance comme non existante ou non avenue dans chacun des trois cas suivants : 1° Si la personne n'avait pas qualité pour faire une reconnaissance; 2° si, par suite de démence, l'auteur de la reconnaissance était incapable; 3° si la reconnaissance n'a pas été faite par un acte authentique ou a été faite dans un acte authentique reçu par un officier public incompétent *ratione materiæ,* pour constater une reconnaissance d'enfant naturel.

Développons ces trois hypothèses:

1° Défaut de qualité[2].

La reconnaissance est, de son essence, un acte personnel, nous l'avons établi au commencement de ce travail ; si le père reconnaissait pour la mère, et la mère pour le père, sans avoir procuration spéciale et authentique à cet effet, de même que si la reconnaissance était faite sans mandat valable par toute autre personne que le père et la mère, il n'y aurait pas de reconnaissance aux yeux de la loi.

2° Incapacité par suite de démence[3].

Nous avons vu que les règles ordinaires de l'interdiction ne s'appliquent pas à cette matière qui se trouve exclusive-

1. Demolombe, t. V, p. 396.
2. Aubry et Rau, IV, 682. Demolombe, V, 419.
3. Aubry et Rau, ibid. Demolombe, ibidem.

ment régie par les principes du droit philosophique; dès lors qu'il y a absence de volonté, il n'y a pas de reconnaissance.

3° Absence d'acte authentique ou acte authentique reçu par un officier public radicalement incompétent.

On convient généralement que l'acte authentique reçu par un officier public incompétent *ratione materiæ*, tel qu'un préfet, un maire, etc., est non existant, non avenu, et ne saurait produire aucun effet. Mais les opinions sont partagées sur la question de savoir si la reconnaissance faite par un acte sous seing privé est destituée de tout effet légal. Les uns soutiennent que l'acte de reconnaissance sous seing privé peut devenir authentique par l'effet du jugement qui, à la suite d'une vérification ou d'une reconnaissance d'écriture, déclare que l'acte émane véritablement de celui ou de celle à qui on l'attribue. Ils se fondent sur l'art. 334 qui, disent-ils, n'exige pas l'authenticité à peine de nullité, et sur l'art. 1322 portant que : «l'acte sous seing privé reconnu par celui auquel on l'oppose, ou légalement tenu pour reconnu, a, entre ceux qui l'ont souscrit et entre leurs héritiers et ayants cause, la même foi que l'acte authentique[1];» mais remarquons que l'art. 334 ne pouvait pas sanctionner de nullité un acte qui, de son essence, n'est pas seulement nul, mais non avenu, non existant; quant à la valeur de l'acte sous seing privé, elle ne saurait être admise dans la question qui nous occupe, par la raison que l'on violerait le texte et l'esprit de la loi : le texte, qui exige impérieusement l'authenticité de la reconnaissance; l'esprit de la loi, car, ce dont il s'agit avant tout dans cette question, c'est de savoir si l'auteur de la reconnaissance n'a pas été obsédé, surpris, circonvenu; or, la vérification et même la reconnaissance d'un acte sous seing privé prouvent bien que cet acte a été écrit ou signé par la personne à laquelle on l'attribue, mais ne prouvent pas du tout que cette personne n'ait pas été amenée à l'écrire ou à le signer par suite d'obsessions ou de

1. Toullier, t. II, n° 951. Proudhon, II, p. 173. Duranton, t. III, n° 227.

surprises[1]. Du reste, l'action aux fins de reconnaissance ou de vérification d'écriture ne sera autre chose qu'une action en recherche de paternité avec un nom différent. Cette théorie, selon nous, doit être écartée non-seulement pour la reconnaissance sous seing privé émanée du père, mais pour celle émanée de la mère. *Est eadem ratio.*

Une seconde opinion consiste à dire que la reconnaissance sous seing privé est suffisante pour donner à l'enfant droit à des aliments[2]. Aucune disposition du Code n'autorise à adopter ce principe. Avant la loi du 4 janvier 1793, les reconnaissances faites dans cette forme pouvaient produire cet effet, par la raison bien simple que la reconnaissance sous seing privé était mise sur la même ligne que la reconnaissance authentique; le droit aux aliments était, du reste, le seul droit accordé aux enfants naturels.

En même temps que cette loi détermina la forme de la reconnaissance à l'égard des enfants naturels dont les père et mère étaient décédés, elle renvoya le règlement des droits et de l'état aux dispositions du Code civil, à l'égard des enfants naturels dont les père et mère seraient vivants au moment où le Code serait publié.

La théorie est donc différente aujourd'hui, et l'on ne saurait même faire de distinction entre le cas où l'engagement de fournir des aliments serait exprimé dans l'acte, et celui où il ne serait pas exprimé. Dans l'une comme dans l'autre hypothèse, l'engagement qu'on voudrait faire dériver textuellement ou virtuellement de l'acte serait fondé sur une cause illicite; on dit bien que la cause de cette obligation serait une obligation naturelle, qu'une obligation naturelle peut être la cause d'une obligation civile; cette théorie, vraie jusqu'à un certain point, doit être circonscrite dans certaines limites : il est des obligations naturelles destituées de tout effet juridique; telles sont, par exemple, les dettes de jeu et de pari; l'obligation dont il s'agit doit être rangée sur la

1. Aubry et Rau, IV, 683. Loiseau, 469 à 471. Rolland de Villargues, n° 332. Proudhon, II, p. 172.
2. Proudhon, II, 174-178. Delvincourt, I, 239 et 240.

même ligne, parce qu'elle n'existe, sous aucun rapport, aux yeux de la loi dès qu'elle n'a pas été contractée par acte authentique, par application de la règle : *Forma dat esse rei.*

Il faut néanmoins admettre que, si la reconnaissance sous seing privé ne forme pas preuve écrite complète, elle formera toujours commencement de preuve par écrit[1] et conséquemment pourra être d'un grand secours dans une action en recherche de paternité et de maternité (art. 340, 341, C. Nap.). Elle formera même preuve dans le cas de l'art. 336 du Code Napoléon.

Quelles sont les personnes qui peuvent se prévaloir de la non-existence de la reconnaissance ? L'art. 339 du Code Napoléon nous répond : «Toute reconnaissance de la part du père ou de la mère..... pourra être contestée par tous ceux qui y auront intérêt.» Nous étudierons ultérieurement, avec plus de détails, le but et les règles de l'action en contestation de reconnaissance dont il est parlé dans cet article, constatons pour le moment que cette disposition est conforme au droit commun. Quiconque a intérêt à écarter la reconnaissance a, par cela même, qualité pour en faire déclarer la non-existence par les tribunaux.

L'auteur de la reconnaissance et ses héritiers, aussi bien que l'enfant et la mère, ont le droit de considérer l'acte comme non avenu. La non-existence peut être proposée soit par voie d'action, soit par voie d'exception ; à la différence des actions en nullité qui se prescrivent, en règle générale, par dix ans pour les conventions (art. 1304, 1er alin., C. Nap.), par trente ans pour les autres actes juridiques (art. 2262, C. Nap.), cette voie juridique est imprescriptible et, comme telle, peut être invoquée à toute époque ; pour les mêmes motifs, nous croyons que la reconnaissance non avenue n'est pas susceptible de confirmation[2].

1. Aubry et Rau, IV, 685. Demolombe, V, 423. Paris, 17 juillet 1858. Sirey, 58, 2, 534.

2. Aubry et Rau, IV, p. 687. Demolombe, V, 418.

§ 3.

Nullité de la reconnaissance.

Une reconnaissance non existante ne saurait produire aucun effet, il n'est même pas nécessaire de faire prononcer la non-existence par les tribunaux. Il n'en est pas de même de la nullité d'une reconnaissance : une reconnaissance nulle produit tous les effets d'une reconnaissance valable, tant que la nullité n'a pas été prononcée par justice, différence pratique qu'il importe de bien mettre en lumière.

Dans quels cas la reconnaissance est-elle nulle? On peut distinguer trois cas : 1° Lorsque la reconnaissance est entaché de violence, d'erreur ou de dol; 2° lorsqu'elle n'est point l'expression de la vérité; 3° lorsque certaines règles de compétence ou de forme, nécessaires à la reconnaissance, n'ont point été observées dans l'acte authentique.

La violence, l'erreur et le dol, dont se trouve entaché un acte juridique, une manifestation de volonté en général, engendre toujours une action en nullité (art. 1304, 2e alin.). La violence, l'erreur et le dol devront présenter les caractères indiqués aux art. 1110 à 1117. En conséquence, le dol sera une cause de nullité de la reconnaissance lorsqu'il sera établi que l'acte n'est que le résultat de manœuvres (art. 1116, C. Nap.), sauf à tenir compte de la position des personnes et à rescinder plus facilement la reconnaissance faite par un mineur que celle qui émane d'un majeur[1]. L'erreur devra porter sur l'élément substantiel de l'acte[2] (art. 1110), comme si, par exemple, la reconnaissance avait été appliquée à un individu autre que celui que l'on entendait reconnaître. Enfin, la violence devra présenter, en général, les conditions déterminées par les art. 1112 et suivants.

Est également nulle toute reconnaissance qui n'est pas l'expression de la vérité, car toute reconnaissance doit être

1. Paris, 14 décembre 1823. Dev. 1834, II, 6. Demolombe, V, p. 411.

2. Cassat. 1811, 29 août. Sirey, 1812, I, 13.

sincère. Elle est présumée telle jusqu'à preuve du contraire.

Est également frappé de nullité un acte de reconnaissance reçu par un officier public compétent *ratione materiæ*, mais incompétent *ratione personæ*, ou tout acte à l'égard duquel on n'aurait pas employé les formalités exigées pour la passation des actes instrumentaires de cette nature.

Examinons maintenant quelles sont les personnes qui ont le droit d'invoquer cette nullité, de quelle manière elle peut être proposée et prouvée, et quelles sont les fins de non-recevoir opposables à cette nullité.

Quelles sont les personnes auxquelles compète l'action en nullité de la reconnaissance ?

Il faut distinguer entre les différentes causes de nullité : quand la reconnaissance est entachée de dol, de violence ou d'erreur, la nullité est purement relative et ne peut être invoquée que par l'auteur de la reconnaissance. Cette doctrine est conforme aux principes généraux de la matière des contrats, d'après lesquels la nullité d'un contrat, à raison des vices du consentement, est purement relative et ne peut être demandée en justice que par celui dont le consentement a été donné par erreur, surpris par dol, extorqué par violence.

M. Demolombe[1] soutient néanmoins le contraire, en s'appuyant sur la généralité des termes de l'art. 339, disposant que toute reconnaissance peut être contestée par tous ceux qui y ont intérêt, c'est-à-dire que tous ceux qui y ont intérêt sont recevables à prétendre que la reconnaissance n'est pas l'expression de la vérité ; or, le seul moyen, dit-il, de le prouver, c'est d'établir que cette reconnaissance est le résultat de l'erreur, du dol ou de la violence. Nous croyons que le législateur, dans l'art. 339, n'a pas voulu déroger aux principes généraux du Droit, mais seulement appliquer, dans la matière qui nous occupe, les principes du droit commun.

1. Demolombe, V, 439.

Dans tous les deux autres cas, la nullité peut être proposée par toute personne intéressée [1] (art. 339).

Les personnes intéressées à demander la nullité de la reconnaissance peuvent être :

L'auteur même de la reconnaissance;

L'enfant reconnu;

La personne qui aurait déjà reconnu le même enfant;

Les héritiers ou successeurs universels de celui qui a fait la reconnaissance;

Toute personne enfin ayant un intérêt pécuniaire à faire tomber la reconnaissance.

Parcourons successivement ces diverses catégories de personnes :

1° L'auteur de la reconnaissance.

Quand la reconnaissance est entachée d'incompétence ou d'un vice de forme, il est évident qu'elle pourra être attaquée par le père ou la mère de qui elle émane; en effet, pour que l'auteur de la reconnaissance soit lié par cet acte, il faut qu'il soit régulier, que les règles auxquelles la loi l'a soumis aient été observées.

Mais l'auteur de la reconnaissance sera-t-il recevable à prétendre que sa déclaration est mensongère, et que, sans dol, ni erreur, ni violence, il a reconnu en pleine connaissance de cause un enfant qui n'est pas le sien? L'affirmative nous semble résulter de la généralité des termes de l'art. 339, et de cette considération majeure que nul ne peut se créer des rapports de paternité qui n'existent pas réellement, ce serait là une sorte d'adoption imparfaite qui ne saurait être permise.

Toutefois la négative est enseignée par plusieurs auteurs, et notamment par M. Demolombe [2].

Son argumentation est basée sur le texte et la rédaction de l'art. 339 qui, par ces mots : «Toute reconnaissance *de la part du père ou de la mère....* pourra être contestée par tous

1. Loiseau, 516. Touillier, II, 964. Aubry et Rau, IV, 687. Demolombe, V, 438.

2. Demolombe, V, p. 418.

ceux qui y auront intérêt,» semble mettre en présence, d'une part, le père ou la mère affirmant dans la reconnaissance que l'enfant est né de soi, d'autre part, l'enfant ou tout autre intéressé soutenant le contraire; M. Demolombe invoque également l'adage : «Nemo auditur turpitudinem suam allegans.» Néanmoins, on peut répondre à ces deux arguments par cette réflexion bien simple que le législateur, en écrivant l'art. 339, n'avait dans l'esprit que l'hypothèse qui se présente le plus fréquemment; celle où la reconnaissance est attaquée par des tiers autres que le père ou la mère : *Lex statuit de eo quod fit plerumque,* et que la maxime: *Nemo auditur.....,* dont on abuse si souvent, souffre exception dans les matières qui intéressent l'ordre public.

2º L'enfant reconnu.

L'enfant a le droit d'attaquer la reconnaissance comme nulle en la forme ou comme mensongère au fond; en effet, il est le premier intéressé à combattre l'acte par lequel un homme ou une femme qu'il croirait lui être étrangère l'aurait reconnu; il peut y avoir pour lui un intérêt moral et un intérêt pécuniaire.

3º La personne qui aurait reconnu le même enfant.

Il n'est point douteux que la mère puisse contester la reconnaissance du père, il n'y a point pour elle d'intérêt pécuniaire, mais un intérêt moral de premier ordre. Pourquoi, en effet, ne permettrait-on pas à la jeune fille, qu'un moment d'erreur a rendu mère, d'attaquer la reconnaissance que viendrait faire de son enfant un homme perdu d'honneur qui voudrait se donner le faux amour-propre d'avoir joui des faveurs de cette infortunée?

A l'inverse, le père pourrait contester la reconnaissance de la mère.

Il y a mieux : Toute personne qui aurait reconnu un enfant naturel pourrait contester la reconnaissance faite par un tiers, peu importe que la reconnaissance du demandeur soit antérieure ou postérieure en date à celle du défendeur, l'état d'un enfant ne pouvant dépendre d'une simple antériorité de date.

4º Les héritiers et successeurs universels de celui qui a fait la reconnaissance.

Les héritiers et successeurs universels de celui qui a fait la reconnaissance peuvent agir soit au nom de leur auteur, soit en leur propre nom. Ils ne peuvent agir au nom de leur auteur qu'autant que celui-ci avait encore le droit de se prévaloir de la nullité, ils agissent alors comme représentants de la personne du défunt, *personam defuncti sustinent*, et à ce titre ils ne sont point tenus de faire preuve d'un intérêt né et actuel à intenter l'action en contestation de reconnaissance; mais quand ils agissent en leur propre nom, ils sont tenus de justifier d'un intérêt actuellement ouvert; l'art. 187 du Code Napoléon, relatif aux nullités de mariage, est ici parfaitement applicable. *Ubi eadem ratio, ibi eadem legis dispositio.*

5° Enfin toute personne ayant un intérêt pécuniaire à faire tomber la reconnaissance.

La généralité des termes de l'art. 339 autorise cette extension. Ainsi, un donataire dont la donation entre vifs se trouverait révoquée par suite du mariage de la personne, auteur de la reconnaissance, aurait un intérêt pécuniaire à l'attaquer pour vice de forme, incompétence ou mensonge, et dès lors serait admis à se prévaloir de l'art. 339 du Code Napoléon.

Quels sont les caractères de l'action conférée par l'art. 339 du Code Napoléon?

L'action dont il est question dans l'art. 339 a reçu dans la doctrine le nom d'action en contestation de reconnaissance; c'est une action en nullité semblable, sous beaucoup de rapports, aux actions en nullité dont il est traité aux art. 1304-1314 du Code Napoléon. En cas d'erreur, de dol et de violence, l'action en contestation de reconnaissance est une action en nullité relative, car la nullité résultant d'un vice de consentement est de sa nature relative; mais lorsque la reconnaissance est attaquée pour vice de forme, incompétence ou mensonge, la nullité devient absolue et communique à l'action ce caractère.

Voyons maintenant quelles sont les preuves à faire par celui qui conteste une reconnaissance.

La reconnaissance contestée subsiste tant qu'elle n'a pas

été annulée, et si les tribunaux peuvent prononcer la nullité, ce n'est qu'en appréciant les preuves apportées par les parties à l'appui de leur prétention.

Lorsqu'il y aura eu erreur, violence ou dol, la preuve de ces faits se fera d'après le droit commun, par écrit ou par témoins, les juges pourront même se décider par de simples présomptions[1]; mais quand la reconnaissance est attaquée comme n'étant pas l'expression de la vérité, la question devient plus délicate, plus embarrassante pour le juge.

Quand c'est l'auteur de la reconnaissance qui l'attaque, il devra prouver qu'il n'est pas le père ou la mère de l'enfant qu'il a reconnu. Cette preuve résulterait, entre autres circonstances, de ce que l'auteur était encore physiquement impubère lors de la conception de l'enfant par lui reconnu, et, pour décider cette question, le juge devra moins s'attacher aux dispositions de l'art. 144 du Code Napoléon qu'à la constitution physique de la personne qui a fait la reconnaissance, l'art. 144 étant exclusivement applicable à la théorie du mariage; cette preuve pourra encore résulter de ce que l'homme qui s'est avoué père d'un enfant se trouvait à la même époque dans l'impossibilité de cohabiter avec la mère de cet enfant; si, par exemple, dit M. Duranton[2], à l'époque où l'enfant a été conçu en France, il était aux colonies, répondant chaque jour à l'appel des hommes de son régiment; enfin, cette preuve pourrait encore résulter de ce que la femme qui a avoué sa maternité n'est jamais accouchée ou n'est point accouchée à l'époque correspondante à la naissance de l'individu qu'elle a reconnu. Tous ces faits, purs et simples, peuvent se prouver par témoins ou par écrit.

La mère pourra dénier sa maternité en prouvant la maternité d'une autre personne, car l'action en recherche de maternité est parfaitement licite (art. 341), mais elle doit se conformer, pour ce qui concerne le mode de preuve, aux dispositions du troisième alinéa de l'art. 341 qui exige impé-

1. Aubry et Rau, IV, 689. Richefort, II, 299. Demolombe, V, 441. Paris, 21 décembre 1839. Sirey, 40, 2, 448.

2. Duranton, III, 261.

rieusement que la preuve testimoniale soit accompagnée d'un commencement de preuve par écrit. Quant au père, il ne pourra jamais être admis à prouver directement la paternité d'un autre pour faire tomber une reconnaissance qu'il aurait faite mensongèrement, car la loi interdit toute action en recherche de paternité, sous quelque forme et dans quelque intention qu'elle soit exercée (art. 339, al. 1er).

Quand c'est l'enfant qui attaque une reconnaissance mensongère, et que, dans son action, la mère se réunit à lui, ou même généralement, si la mère conteste seule la paternité, nous pensons que son désaveu devrait faire loi, car, dans la première hypothèse, il y a en faveur de sa déclaratien une présomption naturelle puisée dans l'attachement qu'elle a pour son enfant, puisqu'on ne peut raisonnablement supposer qu'elle veuille le priver de l'avantage de connaître son père véritable, et, dans la seconde hypothèse, la morale publique exige impérieusement qu'une déclaration de paternité puisse être invinciblement combattue par la déclaration de la mère, car autrement il dépendrait du premier aventurier de se reconnaître le père de l'enfant d'une fille ou d'une veuve opulente qui aurait eu le malheur de faillir.

Mais comment se décidera le juge dans une instance où deux hommes contesteraient chacun la paternité de l'autre[1] ?

Nous avons déjà vu qu'il serait impossible de faire dépendre l'état de l'enfant d'une question de priorité de date; en pareil cas, le témoignage de la mère, si elle vit encore, devrait être pris en sérieuse considération, et si elle n'existe plus, le juge devra se prononcer d'après les circonstances, les soins donnés à l'enfant, et, en dernière analyse, d'après l'intérêt de l'enfant.

Telles sont les différentes circonstances qui pourraient, selon nous, être prises en considération quand s'élèvera la question de savoir si la reconnaissance est ou non l'expression de la vérité.

Quand la reconnaissance est entachée de vice de forme ou

1. Aubry et Rau, IV, 687. Loiseau, 508-510. Duranton, III, 263. Demolombe, V, 444 à 449.

d'incompétence, le vice de forme et l'incompétence pourront être prouvés conformément au droit commun.

Quelles sont les fins de non-recevoir opposables à l'action en contestation de reconnaissance? L'action en contestation de reconnaissance est, avant tout, une action en nullité; or, toute nullité peut se couvrir de deux manières, par confirmation ou renonciation et par prescription.

Néanmoins, cette opinion est vivement contestée, surtout par M. Demolombe[1]. Ce jurisconsulte fait une distinction entre les diverses causes de nullité de la reconnaissance. Selon lui, si la reconnaissance est attaquée comme mensongère au fond, l'action est imprescriptible et non susceptible de renonciation, car il s'agit alors de l'état des personnes qui, par sa nature, est inaliénable et imprescriptible. La reconnaissance, au contraire, est-elle attaquée pour vice de forme, incompétence ou vice de consentement, la renonciation et la prescription sont des fins de non-recevoir parfaitement opposables à l'action.

Cette distinction nous semble tout à fait arbitraire : d'abord elle ne repose sur aucun texte, et ensuite elle ne saurait se justifier. Dans l'un comme dans l'autre cas, ce qui est en contestation, c'est l'état d'une personne; or, rien n'indique que le législateur ait voulu, en matière de reconnaissance, faire exception aux règles générales concernant la confirmation et la prescription.

Nous persistons donc à soutenir que la confirmation ou renonciation est ici permise, pourvu toutefois qu'elle ait été faite à une époque où elle pouvait l'être valablement; qu'elle pourra être tacite aussi bien qu'expresse. Ainsi, par exemple, le père qui, après la cessation de la violence sous l'empire de laquelle la reconnaissance aurait été faite, aurait librement donné à cet acte une exécution non équivoque, ne serait pas recevable à venir ensuite en demander la nullité.

Mais quel sera le délai de la prescription? Nous croyons qu'il faudra appliquer ici l'art. 2262 du Code Napoléon et fixer la durée de l'action à trente ans. Le délai de dix années,

1. Demolombe, V, 452.

fixé par l'art. 1304, ne concerne que les actions en nullité des conventions; pour les nullités dont se trouvent frappés les actes juridiques autres que les conventions, on rentre sous l'empire de la règle générale qui fixe à trente années la durée des actions tant réelles que personnelles (art. 2262, C. Nap.). La distinction proposée par M. Loiseau[1] entre les nullités fondées sur les vices de consentement et les autres ne peut être appliquée ici. *Ubi lex non distinguit; ibi nos non distinguere debemus.*

CHAPITRE CINQUIÈME.

DES CONSÉQUENCES ATTACHÉES A L'OBSERVATION DES CONDITIONS EXIGÉES EN MATIÈRE DE RECONNAISSANCE.— DE LA RECONNAISSANCE VALABLE.

§ 1er.

Généralités.

Nous ne nous occuperons pas dans ce chapitre des effets généraux de la filiation naturelle; il ne s'agit en ce moment que des effets de la reconnaissance elle-même, considérée comme moyen de preuve de cette filiation.

A ce point de vue on peut dire que la reconnaissance présente trois caractères essentiels: 1° Elle est irrévocable; 2° elle est déclarative et non attributive de filiation; 3° elle est efficace d'une manière absolue, en ce sens qu'elle produit ses effets envers et contre tous, lorsqu'elle est valablement faite. L'examen de ces trois caractères formera l'objet des trois paragraphes suivants.

§ 2.

De l'irrévocabilité de la reconnaissance.

La reconnaissance est irrévocable. Cette proposition ne saurait être contestée, puisque la reconnaissance n'est autre chose qu'un aveu de paternité ou de maternité, et que tout

1. Loiseau, 522 et 523.

aveu est, de sa nature, irrévocable (art. 1356, C. Nap.). Il importe peu, à cet égard, que la reconnaissance ait été ou non acceptée par celui qui en est l'objet, l'ordre public exige que l'enfant naturel, une fois reconnu, ne puisse pas être désavoué. On conçoit, en effet, que l'état des citoyens ne peut varier selon le caprice des individus auxquels il plairait de conférer ou de retirer à leur gré l'état de filiation même naturelle. Cet état, une fois que l'enfant est muni d'un acte de reconnaissance, repose sur la loi, et il ne saurait lui être retiré qu'autant qu'il serait entaché de vices qui entraîneraient la nullité. Mais le principe de l'irrévocabilité est-il applicable au cas où la reconnaissance a été faite dans un testament authentique? Le testament, de sa nature, est un acte révocable, la révocation du testament entraînera-t-elle la révocation de la reconnaissance? Cette question a été diversement résolue. MM. Merlin, Loiseau, Demolombe et Dalloz[1] soutiennent que la reconnaissance fait partie intégrante du testament, et que, par conséquent, la révocation de l'un entraînera la révocation de l'autre; ce qu'il faut, dans un testament, c'est interpréter la volonté du testateur; en insérant une reconnaissance dans un testament public, il n'a voulu faire qu'un projet de reconnaissance, et l'on irait contre les volontés du testateur en donnant à cet acte un caractère d'irrévocabilité qu'il ne possède pas. Mais nous pensons avec MM. Aubry et Rau et Duranton[2], et avec la jurisprudence, que cette opinion repose sur une confusion faite entre le testament qui est l'acte de dernière volonté, et l'acte instrumentaire destiné à constater cette dernière volonté. La révocation du testament n'enlève pas à l'acte instrumentaire qui le contient sa force probante; cette révocation porte sur les dispositions de dernière volonté et non pas sur l'acte lui-même, qui ne perd pas son caractère d'authenticité.

1. Merlin, Répert. v° Filiation. Loiseau, 468 et 469. Dalloz, v° Paternité.

2. Duranton, t. III, n° 219. Aubry et Rau, IV, 690.

§ 3.

Du caractère purement déclaratif de la reconnaissance.

La reconnaissance n'est pas attributive, mais simplement déclarative de filiation; elle ne fait que constater et non créer un fait[1].

De ce principe rationnel et juridique résulte que les effets de la reconnaissance remontent en général à l'époque même de la naissance ou plutôt de la conception de l'enfant. L'enfant naturel reconnu est censé avoir été reconnu dès l'instant de sa conception. Cette règle peut donner lieu, dans la pratique, à plusieurs applications intéressantes, qui n'entrent point dans le cadre de notre travail; qu'il nous suffise ici de proclamer le principe et, à côté du principe, les exceptions dont il est susceptible.

En général, avons-nous dit, la reconnaissance remonte au jour de l'existence de l'enfant; il y a néanmoius des exceptions apportées à cette règle, exceptions fondées sur la raison, l'équité et conformes au but que le législateur s'est proposé d'atteindre. Le caractère déclaratif est avant tout établi dans l'intérêt de l'enfant, et non pas dans l'intérêt des auteurs de la reconnaissance. Ceux-ci, dès lors, ne pourraient s'en prévaloir pour attaquer des actes juridiques passés antérieurement à l'époque de la reconnaissance. Ainsi, le père ou la mère d'un enfant naturel ne pourrait demander l'annulation du mariage contracté par leur enfant, en contravention aux art. 158, 148 et 149 du Code Napoléon, si la reconnaissance a été faite postérieurement à la célébration du mariage[2]. Cette exception n'est pas la seule : la reconnaissance ne pourra jamais nuire aux tiers qui auraient des droits acquis à l'époque de la reconnaissance.

Ainsi, le père ou la mère qui n'a reconnu un enfant na-

1. Toullier, t. II, n° 958. — Duranton, III, n°s 255 et 256. Taulier, t. I, p. 434.

2. Aubry et Rau, IV, 694. Duranton, II, 167. Demolombe, V, 457.

turel que postérieurement à son décès ne pourrait réclamer son hérédité, au préjudice de ceux qui l'auraient recueilli légalement à son décès.

§ 4.

De l'efficacité absolue de la reconnaissance.

Comme nous avons déjà eu l'occasion de le dire incidemment, la reconnaissance est à elle seule un fait complet qui n'a besoin de se soutenir sur rien. Elle prouve le fait de paternité ou de maternité vis-à-vis de tout le monde; elle est par elle-même efficace non-seulement entre l'enfant au profit duquel elle a eu lieu et le père et la mère dont elle émane, mais encore à l'égard des héritiers de ces derniers et, en général, à l'égard des tiers. Ces principes découlent nécessairement de cette idée que la reconnaissance d'un enfant naturel est toujours un acte de l'état civil et non pas une convention qui ne puisse être opposable qu'aux parties qui y ont figuré; dés qu'elle est valablement faite, elle produit ses effets envers et contre tous.

L'exception, du reste, que le législateur indique dans l'art. 337 prouve l'existence du principe : *Exceptio firmat regulam.*

Quelle est cette exception? L'art. 337 nous l'indique : «La reconnaissance faite pendant le mariage, par l'un des époux au profit d'un enfant naturel qu'il aurait eu, avant son mariage, d'un autre que de son époux, ne pourra nuire ni à celui-ci, ni aux enfants nés de ce mariage. Néanmoins, elle produira son effet après la dissolution de ce mariage, s'il n'en reste pas d'enfants.»

Avant d'étudier les effets spéciaux attachés aux circonstances particulières indiquées dans cet article, voyons dans quels cas, dans quelles conditions cette exception peut être invoquée.

Dans quels cas l'art. 337 est-il applicable ?

Deux conditions sont nécessaires :

1° Il faut d'abord que la reconnaissance ait été faite par l'un des époux *pendant le mariage.* C'est un motif de haute moralité qui a dicté cette règle : La paix du ménage, le bon accord des époux, tout exige que l'on ne puisse, pendant le mariage, y porter la moindre atteinte.

De là résulte qu'une reconnaissance faite antérieurement ou postérieurement au mariage serait complétement efficace, et cela est tout naturel. On ne comprend donc pas pourquoi M. Delvincourt[1] a enseigné que la reconnaissance faite par le conjoint survivant, après la dissolution du mariage, d'un enfant naturel qu'il aurait eu avant son mariage d'un autre que de son conjoint, était également régi par l'art. 337 du Code Napoléon, alors que le texte et l'esprit de la loi établissent formellement le contraire.

Cessante legis ratione, cessat lex; le motif de l'art. 337, c'est le maintien de la paix du ménage; or, il n'y a plus de ménage depuis le décès de l'époux dont on craignait l'irritation. La reconnaissance antérieure ou postérieure au mariage produit tous ses effets, lors même que celui qui en serait l'auteur l'aurait tenu secrète et l'aurait cachée à son futur époux jusqu'après la célébration du mariage; *jura vigilantibus non dormientibus succurrunt;* remarquons, du reste, qu'on ne pourrait pas permettre au père ou à la mère de modifier ainsi par son fait personnel les droits qu'un acte irrévocable aurait assurés à l'enfant.

Il faut donc, de toute nécessité, que la reconnaissance ait été faite pendant le mariage, mais cette condition n'est pas la seule.

2° La reconnaissance doit avoir été faite au profit d'un enfant que l'auteur de la reconnaisance aurait eu *d'un autre que de son époux.*

En effet, si l'enfant est commun, l'autre époux saura gré à l'auteur de la reconnaissance d'un acte qui, loin de troubler la paix du ménage, ne fera, au contraire, que l'affermir.

Arrivons maintenant aux effets attachés aux conditions ci-dessus développées.

La reconnaissance qui, par elle-même, est efficace envers et contre tous, est ici frappée d'une inefficacité relative;

1. Delvincourt, I, 242.

nous disons *relative,* car l'art. 337 paralyse seulement ses effets en ce qui concerne l'autre époux et les enfants issus du mariage, en décidant que la reconnaissance, faite dans les conditions dont nous avons parlé, sera non opposable à ces personnes.

La loi parle d'abord du *conjoint :* L'enfant ainsi reconnu ne peut élever contre lui aucune prétention dont le résultat serait de porter atteinte aux droits qui résultent pour lui de ses conventions matrimoniales ou de la loi.

De ses conventions matrimoniales : Ainsi, l'enfant reconnu par sa mère pendant le mariage ne pourrait demander des aliments au préjudice du droit d'usufruit qui compéterait au mari de sa mère sur tout ou partie des biens de cette dernière.

De la loi : Ainsi, l'enfant ne pourrait demander l'envoi en possession des biens de l'auteur de la reconnaissance au préjudice du conjoint survivant, dans le cas où ce dernier serait décédé ne laissant ni parents au degré successible, ni enfants naturels.

L'art. 337 parle ensuite *des enfants issus du mariage.* Il faut entendre par là les enfants nés ou à naître de ce mariage, sans distinguer entre les enfants légitimes et les enfants légitimés. Pareil droit compéterait aux descendants légitimes et légitimés de ces enfants, par droit de représentation. Ainsi, l'enfant naturel reconnu dans de pareilles circonstances ne pourrait, au préjudice des droits héréditaires des enfants issus du mariage pendant lequel la reconnaissance a eu lieu, réclamer la portion attribuée par l'art. 757 aux enfants naturels légalement reconnus.

En dehors de ces deux catégories de personnes, la reconnaissance est complétement efficace ; ainsi, elle produirait tous ses effets vis-à-vis des parents collatéraux et aussi vis-à-vis des enfants nés d'un mariage antérieur ou postérieur, puisque, relativement à ce mariage, elle aurait eu lieu, dans le premier cas, après sa dissolution, et, dans le second cas, avant sa célébration[1]. Il y a mieux : même à

1. Duranton, t. III, n° 251. Loiseau, p. 436. Demolombe, V, 450.

l'égard des personnes dont parle l'art. 337, la reconnaissance pourra produire certains effets juridiques, pourvu toutefois qu'ils ne blessent pas l'intérêt pécuniaire de ces personnes, car c'est avant tout une lésion d'intérêts que l'art. 337 a voulu empêcher. C'est ainsi que la reconnaissance faite dans ces conditions donnera à l'enfant le droit de porter le nom de son père, car c'est là un effet absolu de la filiation dès qu'elle est légalement prouvée.

L'art. 337 indique enfin, dans son dernier alinéa, le cas où cesserait son application : «Néanmoins, dit cet article, la reconnaissance produira son effet après la dissolution de ce mariage, s'il n'en reste pas d'enfants.» Cet alinéa doit s'entendre dans le sens de la disposition principale, c'est-à-dire sans préjudice aussi des droits du conjoint; c'est au surplus ce que M. Duveyrier a indiqué dans son discours au Corps législatif : «Et par le même motif, dit cet orateur, la reconnaissance reprendra tout son effet, si ce double intérêt (de l'autre conjoint et des enfants), ce double obstacle viennent à cesser par la mort des enfants et par la dissolution du mariage;» de là résulte que si l'époux est donataire ou légataire universel, il n'y aura pas lieu à réduire la donation ou le legs pour fournir à l'enfant la quotité de biens réglée par la loi. Enfin, nous croyons que l'art. 337 ne peut s'appliquer qu'à la reconnaissance volontaire et non à la reconnaissance forcée; cela résulte des termes mêmes de l'art. 337 : «la reconnaissance faite par l'un des époux» et des motifs de haute moralité sur lesquels est fondé l'art. 337.

Il est évident, en effet, que dès qu'il y a eu reconnaissance forcée, il n'y a pas ce fait volontaire, ce manque de foi qui pourrait exciter de la part de l'autre époux les reproches et les ressentiments que l'art. 337 a eu surtout en vue d'éviter.

TROISIÈME PARTIE.

De la reconnaissance forcée.

CHAPITRE PREMIER.

GÉNÉRALITÉS.

Indépendamment de la reconnaissance volontaire, la loi admet que la filiation paternelle ou maternelle d'un enfant naturel peut être établie par une décision judiciaire intervenue sur une action en recherche de paternité ou de maternité. C'est ce que prouvent les art. 340 et 341. Aux termes de l'art. 340, la recherche de la paternité est interdite, en règle générale; dans un cas seulement elle est permise, c'est dans le cas d'enlèvement; quand l'époque de cet enlèvement coïncide avec celle de la conception, la loi confère aux personnes intéressées le droit d'introduire une action en recherche de paternité contre le ravisseur. A la différence de l'ancien droit, qui avait admis la recherche de la paternité d'une manière presque absolue, et du droit intermédiaire, qui avait laissé encore trop de latitude à cette recherche, le Code Napoléon interdit en principe toute recherche de paternité, et, même dans le cas unique où elle l'autorise, le juge appelé à prononcer devra toujours avoir égard aux mœurs de la mère et aux autres circonstances qui ont précédé ou suivi l'enlèvement.

Quant à la recherche de la maternité, elle est toujours permise d'après l'art. 341 du Code Napoléon. La loi n'oppose aucune exception à cette règle.

Dans un premier chapitre nous traiterons de la recherche de la paternité, et dans un deuxième de la recherche de la maternité.

CHAPITRE DEUXIÈME.

DE LA RECHERCHE DE LA PATERNITÉ.

§ 1er.

De la règle générale qui proscrit la recherche de la paternité.

L'art. 340 porte : «La recherche de la paternité est interdite...» La loi dénie ainsi à toute personne le droit d'intenter une action en recherche de paternité. Cette disposition, nous l'avons déjà vu, est une innovation législative que nous avons suffisamment appréciée dans la partie historique de notre travail; qu'il nous soit néanmoins permis de rapporter ici les termes dans lesquels M. Lahary[1], à la séance du Tribunat du 28 ventôse an XI, retraçait l'état de la législation sous l'ancien droit : «Rien de plus fréquent autrefois, disait M. Lahary, que ces audacieuses réclamations d'état dont on assiégeait de toutes parts les tribunaux. Que de femmes impudentes osaient publier leur faiblesse, sous prétexte de recouvrer leur honneur ! Combien d'intrigants, nés dans la condition la plus abjecte, avaient l'inconcevable hardiesse de s'introduire dans les familles les plus distinguées et surtout les plus opulentes ! On peut consulter à cet égard le recueil des causes célèbres, et l'on ne saura trop ce qui doit étonner davantage, ou de l'insuffisance de nos lois sur cet important objet, ou de la témérité de ceux qui s'en faisaient un titre pour égarer la justice et troubler la société.»

Ce n'est pas seulement la crainte du scandale qui a dicté la disposition de l'art. 340, c'est l'impossibilité où l'on se trouve de déterminer la filiation paternelle; c'est à ce principe médico-légal que M. Duveyrier[2] faisait allusion, dans son discours au Corps législatif, quand il s'écriait : «Le secret de la paternité épouvante presque seul, et tient enchaînées les tentatives ambitieuses de l'homme; et les Aristote, comme les Alexandre, ne cherchent pas même, dans les lois mysté-

1. Dalloz, v° Paternité, p. 152.
2. Dalloz, v° Paternité, p. 159.

rieuses de la reproduction des êtres, un moyen de discerner l'enfant auquel ils donnent le jour.» La prohibition de l'art. 340 est absolue, du moins dans les limites déterminées par l'art. 340.

Ainsi l'action ne pourra être intentée ni par l'enfant ni par la mère, peu importe le but dans lequel elle serait intentée; toute demande formée contre un individu, pour arriver directement ou indirectement à prouver la paternité, doit être rejetée[1].

§ 2.

Du cas unique dans lequel la recherche de la paternité est permise.

Dans l'art. 340 (al. 2) du Code Napoléon, le législateur apporte une exception au principe général: «Dans le cas d'enlèvement, lorsque l'époque de cet enlèvement se rapportera à celle de la conception, le ravisseur pourra être, sur la demande des parties intéressées, déclaré père de l'enfant.»

L'action en recherche de paternité est donc quelquefois permise; examinons dans quels cas, par quelles personnes elle peut être exercée; quelles sont les preuves à faire par le demandeur, et quel est à cet égard l'office du juge.

A. Dans quels cas cette action peut-elle être exercée? Dans le cas d'*enlèvement*. Nous croyons, avec MM. Aubry et Rau[2], qu'il ne s'agit ici que de l'enlèvement opéré avec violence, et non de l'enlèvement par séduction. Le motif, en effet, sur lequel est basée cette exception est que la durée plus ou moins longue de la séquestration de la mère pendant le temps correspondant à celui de la conception pourrait fournir la preuve de la paternité du ravisseur; c'est surtout l'idée de la séquestration que le législateur a eu en vue.

1. Cassat. 1er août 1827, Sirey, 1828, I, 49. — Toulouse, 15 avril 1834. Dev. 1835, II, 348. — Valette, sur Proudhon, t. II, p. 136. Richefort, II, n° 310. Demolombe, V, p. 487.

2. Aubry et Rau, t. IV, p. 699.

L'explication donnée par M. Duveyrier au Corps législatif prouve que cette doctrine est conforme à la loi.

On s'est demandé s'il fallait assimiler, sous ce rapport, le *viol* à l'*enlèvement*. Plusieurs auteurs professent l'affirmative, et entre autres M. Demolombe[1]. D'après ce jurisconsulte, l'enlèvement donne lieu à l'action de l'art. 340, *a fortiori* le viol pourra-t-il l'autoriser; car il est alors possible de déterminer, avec plus de précision encore que dans le cas d'enlèvement, la coïncidence de l'époque de la conception avec le viol.

L'opinion de M. Demolombe ne nous semble pas pouvoir résister à une longue discussion, en présence du texte de l'art. 340, qui ne parle que de l'enlèvement; or, *exceptio ex strictissimæ interpretationis*. Les travaux préparatoires attestent que le législateur n'a entendu parler que de l'enlèvement. Dans deux rédactions successives de l'art. 340, qui proscrivaient toute recherche de paternité, le viol fut assimilé à l'enlèvement; enfin, la section de législation du Conseil d'État, après une conférence avec le Tribunat, se décida de nouveau, dans la séance du 13 brumaire an XI, à autoriser exceptionnellement la recherche de la paternité; mais alors le cas de viol disparut, et il n'en fut plus question dans la dernière.

B. Quelles sont les personnes qui peuvent intenter cette action? L'art. 340, en reconnaissant que la paternité peut être déclarée par justice, sur la demande des parties intéressées, indique que toute personne ayant intérêt à provoquer cette reconnaissance sera admise à le faire. Tels sont: l'enfant, ses héritiers ou même sa mère; elle pourrait aussi être intentée par les héritiers du ravisseur, à l'effet de faire réduire, conformément à l'art. 908, les libéralités excessives qu'il a faites à son enfant.

C. Quelle sera la preuve à faire par le demandeur? La loi ne l'oblige à aucune preuve directe de la filiation, car la paternité ne peut jamais être prouvée, mais seulement pré-

1. Demolombe, V, 490. — Richefort, II, 306. — Valette, sur Proudhon, II, p. 139, not. *a*.

sumée; il suffit qu'il allègue, à l'appui de son action, la présomption de paternité dont parle l'art. 340; or, pour qu'il y ait présomption de paternité, il faut que le demandeur prouve d'abord l'enlèvement. Cette preuve est recevable *de plano,* c'est-à-dire indépendamment d'un commencement de preuve par écrit; elle peut être faite par titres et par témoins. Il devra prouver ensuite que l'époque de cet enlèvement coïncide avec l'époque de la conception : pour déterminer cette dernière époque, il faut recourir aux présomptions légales établies par les art. 312 (al. 2), 314 et 315, qui placent la conception dans l'intervalle qui s'est écoulé depuis le commencement du trois centième jour jusqu'à la fin du cent quatre-vingtième avant et non compris celui de la naissance de l'enfant.

D. Quand le demandeur aura prouvé les faits auxquels est attachée la présomption de paternité naturelle, quel sera le devoir du juge ?

Il *pourra,* dit l'art. 340, déclarer la paternité.

On le voit, les tribunaux jouissent d'un pouvoir discrétionnaire absolu. Si la femme était en effet accouchée dans les premiers jours du septième mois du rapt, et que l'enfant fût tellement constitué qu'au rapport des gens de l'art il dût être regardé comme venu au monde au terme ordinaire, ou si l'accouchement n'avait eu lieu que vers la fin du dixième mois depuis qu'elle a recouvré sa liberté, le ravisseur pourrait n'être pas déclaré père de l'enfant, attendu que les naissances accélérées, comme les naissances tardives, sont des exceptions.

L'action en recherche de paternité est imprescriptible à l'égard de l'enfant (art. 328, C. Nap.); à l'égard de toute autre personne, elle se prescrit au bout de trente années (art. 2262, C. Nap.).

CHAPITRE TROISIÈME.

DE LA RECHERCHE DE LA MATERNITÉ.

§ 1er.

De la règle générale qui admet la recherche de la maternité.

L'art. 341 est ainsi conçu : «La recherche de la maternité est admise.....»

Les raisons qui ont déterminé le législateur à interdire toute action en recherche de paternité n'existaient point à l'égard de la maternité naturelle; en effet, la maternité se constate par des faits extérieurs et patents qu'il est toujours possible de déterminer avec une parfaite certitude.

Une pareille action pourrait bien produire quelque scandale, mais ce scandale est beaucoup moins grand que lorsqu'il s'agit de la filiation paternelle.

«La recherche de la maternité, disait M. Duveyrier, au Corps législatif[1], trouve sa preuve évidente dans les lois naturelles et dans les lois sociales. C'est un fait qui tombe sous les sens, et qui, même très-souvent, n'a pas besoin de preuve. Dans tous les cas, il serait barbare, autant qu'impolitique, de refuser à l'enfant le droit de retrouver sa mère qui se cache, mais que la nature ne refuse jamais de découvrir.»

Ainsi, la recherche de la maternité est admise en principe par la loi. Cependant il était nécessaire de protéger l'honneur des femmes, et de ne pas permettre à un intrigant d'intenter, sans motif sérieux, une action diffamante, qui, alors même qu'elle est mal fondée, laisse toujours après elle des impressions dangereuses. C'est pour prévenir ces dangers que la loi n'a admis la recherche de la maternité qu'à certaines conditions, dont le double intérêt de la tranquillité des familles et de la morale publique réclamait l'exigence.

1. Dalloz, v° Paternité, p. 159.

Examinons à quelles conditions la loi subordonne la recherche de la maternité.

§ 2.

Des conditions auxquelles la loi subordonne la recherche de la maternité naturelle.

Dans ce paragraphe, nous aurons à examiner plusieurs questions.

A. Quelles sont les personnes auxquelles la loi permet d'introduire l'action en recherche de maternité?

Nous croyons avec MM. Aubry et Rau[1] que toute personne ayant intérêt à introduire l'action a, par cela même, qualité pour le faire.

Néanmoins l'opinion contraire est professée par M. Duranton[2]. Cet auteur, s'appuyant sur les termes de l'art. 341 2e alinéa, d'après lesquels l'*enfant qui réclamera sa mère* sera tenu, etc., soutient que l'enfant seul a le droit d'introduire une pareille action. Nous pensons, au contraire, que le législateur, en se servant de cette expression : «l'enfant qui réclamera sa mère,» n'a pas entendu limiter l'action à ce cas spécial ; il a parlé d'une manière énonciative du cas qui se présente le plus ordinairement en pratique, *lex statuit de eo quod fit plerumque* ; et nous sommes d'autant plus portés à croire que telle est l'intention du législateur, que dans l'art. 340, ainsi que nous l'avons établi, il accorde à toute personne intéressée le droit d'intenter l'action en recherche de paternité naturelle; à plus forte raison a-t-il dû admettre les mêmes principes pour ce qui concerne l'action en recherche de maternité, que la loi envisage d'une manière beaucoup plus favorable. Les tiers peuvent donc poursuivre cette recherche, aussi bien que l'enfant, quand ils y auront intérêt; ils peuvent le faire dans quelque but que ce soit, dans l'intérêt de l'enfant comme à son préjudice; la loi ne distingue pas et parle d'une manière absolue.

1. Aubry et Rau, t. IV, p. 701. Richefort, III, 337. Taulier, I, 434 et 435.
2. Duranton, III, 242.

B. Quelles sont les preuves à faire par le demandeur? Aux termes de l'art. 341, il devra prouver : «qu'il est identiquement le même que l'enfant dont la mère est accouchée.» Il y aura donc deux preuves à faire : 1° preuve de l'accouchement; 2° preuve de l'identité. Aucune autre preuve ne pourrait suppléer à ces deux-là; il n'existe, selon nous, aucun autre moyen de prouver la filiation naturelle[1]. On rencontre, il est vrai, une grande divergence d'opinions relatives à la possession d'état *(nomen, tractatus, fama),* que certains auteurs élèvent au même rang que la reconnaissance par acte authentique ou la reconnaissance forcée, en admettant ainsi trois manières de prouver la filiation naturelle[2].

Trois systèmes se présentent sur ce point, d'après les auteurs et la jurisprudence.

D'après un premier système, la possession d'état d'enfant naturel prouve la filiation maternelle, mais ne prouve pas la filiation paternelle.

D'après un second système, la possession d'état d'enfant naturel prouve la filiation tant à l'égard du père que de la mère; enfin, d'après un troisième système, la possession d'état d'enfant naturel ne produit aucun effet, ni vis-à-vis du père, ni vis-à-vis de la mère; nous adoptons cette dernière manière de voir.

L'un de ces trois systèmes, le premier, bien qu'admis par le plus grand nombre des auteurs et sanctionné par de nombreux arrêts, nous semble difficile, sinon impossible, à soutenir. D'après ce système, la distinction résulte de cette interprétation que réclamer son état en invoquant la possession d'état, c'est rechercher sa filiation; or, la recherche de la filiation, permise à l'égard de la mère, est prohibée à l'égard du père, aux termes des art. 340 et 341; d'où la conclusion que la possession d'état est une preuve possible à l'égard de la mère et non à l'égard du père. Nous croyons que cette distinction est fausse; il est inexact de dire que

1. Aubry et Rau, IV, 703.

2. Delvincourt, II, 234. Proudhon, II, 143 et 144. Duranton, III, 238. Duranton, V, 477-480.

rechercher les faits qui constituent une possession d'état, ce soit rechercher la paternité ou la maternité; rien de plus différent que l'objet de la preuve dans les deux cas : s'agit-il de la recherche de la paternité ou de la maternité, il faut établir si ceux vis-à-vis desquels on réclame la filiation sont les auteurs de la conception et de la naissance; s'agit-il au contraire de la possession d'état, la preuve ne porte plus sur le fait de la naissance ou de la conception, mais sur ce point autre et très-facile à constater : Y a-t-il eu aveu de la part de celui auquel on attribue la paternité ou la maternité? Ce système reposant donc sur une confusion d'idées doit être rejeté. Restent les deux systèmes radicaux; l'un attribuant à la possession d'état un effet égal à celui de la reconnaissance, l'autre refusant tout effet à la possession d'état d'enfant naturel; c'est à ce dernier système que nous nous arrêterons.

Pour justifier l'opinion adverse, on invoque les paroles de Portalis[1], qui s'exprimait ainsi au conseil d'Etat, lors de la discussion de l'art. 341 : «Toutes les fois qu'on jouit de son état constamment, publiquement et sans trouble, on a le plus puissant de tous les titres; il serait donc absurde de présenter la possession constante comme un simple moyen de preuve, puisque cette sorte de possession est la plus naturelle et la plus complète de toutes les preuves.» Rien n'indique que le conseil d'Etat ait adopté l'opinion de Portalis; d'ailleurs, si le législateur l'eût adopté, il aurait certainement consacré un article spécial à ce moyen de preuve, comme il l'a fait aux art. 319 et suivants, relatifs à la preuve de la filiation légitime. L'opinion qui n'attribue, en matière de filiation naturelle, à la possession d'état aucun effet analogue à celui de la reconnaissance, nous paraît être la véritable. Indépendamment des raisons que nous venons de faire valoir, il y a un autre motif qui nous porte à la maintenir : La loi du 12 brumaire an II admettait la possession d'état comme preuve de la filiation maternelle et de la filiation paternelle ; les rédacteurs du Code, en ne reproduisant pas

1. Locré, Leg. VI, p. 30, art. 7.

cette disposition, ont montré par cela même qu'ils n'entendaient pas la maintenir. Est-ce à dire que la possession d'état d'enfant naturel ne devra jamais être prise en considération? Nous ne le croyons pas. Selon nous, elle serait d'un grand poids dans une demande en recherche de paternité, introduite conformément à l'art. 340, alin. 2; en ce qui concerne la filiation maternelle, lorsque cette possession d'état sera conforme à l'acte de naissance dans lequel la mère serait indiquée, elle suffira dans le cas prévu par l'art. 336 du Code Napoléon pour établir la filiation maternelle.

Examinons maintenant les deux preuves à faire par le demandeur, à savoir, celle de l'accouchement et celle de l'identité.

Cette preuve, comme nous le voyons, est *complexe*, car elle doit porter à la fois sur l'accouchement de la femme et sur l'identité de l'enfant avec celui dont elle est accouchée, et ce caractère de complexité qui ressort évidemment de la contexture grammaticale de l'art. 341 est d'une haute importance, car il fournit le moyen de réfuter diverses opinions aussi contraires à l'esprit qu'au texte de la loi. Cette preuve complexe peut-elle se faire simultanément ou séparément, et faut-il que la preuve de l'accouchement précède nécessairement la preuve de l'identité?

MM. Toullier et Rolland de Villargues[1] prétendent que l'art. 341 ne s'occupe que de la preuve de l'identité et non de la preuve de l'accouchement qu'il suppose d'ailleurs déjà faite, et ils en concluent que la preuve de l'accouchement doit précéder celle de l'identité. Nous ne pouvons admettre une opinion aussi contraire à la rédaction de l'art. 341; nous croyons, au contraire, qu'il importe peu que la preuve de l'accouchement précède ou non celle de l'identité; elles peuvent même se faire simultanément, mais ces deux preuves réunies forment la preuve de la filiation maternelle dont s'occupe l'art. 341.

Autre question. De quelle manière cette filiation maternelle pourra-t-elle être établie? L'art. 341 porte que la

1. Toullier, II, 942. Rolland de Villargues, n° 275.

preuve testimoniale n'en sera reçue qu'autant qu'il y aura commencement de preuve par écrit[1]. Il faudra donc que chacun de ces faits (l'accouchement et l'identité), qui constituent la filiation maternelle, soit prouvé par témoins avec commencement de preuve par écrit; ce commencement de preuve par écrit devra réunir les conditions exigées par l'art. 323 du Code Napoléon. Il résulte de là qu'aucun autre genre de preuve ne sera admis pour prouver l'accouchement.

L'acte de naissance de l'enfant ne formera ni preuve complète, ni commencement de preuve par écrit de l'accouchement de la femme[2]. Toutefois, cette théorie a été vivement critiquée[3] : on a dit que la preuve de l'accouchement ne se trouve pas dans l'art. 341 du Code Napoléon, qu'il faut la chercher dans l'art. 46 portant : «Si les registres de l'état civil sont perdus, la preuve des mariages, naissances et décès se fera par titres et par témoins,» donc, a-t-on dit, lorsque les registres de l'état civil existent, ils font, par eux-mêmes, preuve du mariage, de l'accouchement, de la mort; les termes de l'art. 46 sont très-généraux pour qu'on puisse en restreindre l'application aux naissances des seuls enfants légitimes.

Ces raisons paraissent spécieuses, mais la théorie qu'elles préconisent est aussi contraire à la loi qu'à l'équité : un acte de naissance prouve le fait même de la naissance de l'enfant pour lequel il est dressé, il ne prouve pas la filiation maternelle, c'est-à-dire l'accouchement de la femme qui s'y trouve désignée comme mère; l'application de la théorie adverse conduirait à des conséquences injustes : un tiers pourrait venir méchamment attribuer à une femme un enfant qui n'est pas le sien, et cette calomnie serait bien plus

1. Aubry et Rau, IV, p. 706. Merlin, Répert. v° Maternité, n° 4. Duranton, III, 240. Richefort, II, 328.

2. Aubry et Rau, IV, 707. Duranton, I, 307. Demolombe, V, 506.

3. Rolland de Villarques, n° 276. – Toullier, t. II, p. 866. Proudhon, II, 143.

à craindre, ou plutôt n'en serait vraiment une que lorsqu'il s'agirait d'une femme non mariée. Remarquons à cet égard que tout écrit formant un commencement de preuve de l'identité d'un individu forme en même temps, par voie de conséquence, commencement de preuve de l'accouchement de cette femme, tandis que la réciproque n'est pas vraie.

En ce qui concerne l'identité, la majorité des auteurs est d'accord pour reconnaître que la preuve testimoniale ne pourrait être admise dans ce cas qu'avec un commencement de preuve par écrit.

A défaut de commencement de preuve par écrit, l'enfant ne pourrait déférer à sa prétendue mère le serment décisoire, car l'offre du serment décisoire, c'est l'offre d'une transaction, et l'on ne peut transiger sur son état.

L'acte de naissance, n'étant pas un commencement de preuve par écrit, ne peut servir de base à la preuve testimoniale de l'identité, mais il peut fortifier d'autres preuves. Il est certain qu'un commencement de preuve par écrit de l'identité ne peut exister absolument; aucun écrit ne peut faire foi de l'identité de celui qui le représente avec celui à qui il est adressé; s'il y a contestation sur ce point, le réclamant devra prouver qu'il avait, à l'époque où l'écrit a été rédigé, la qualité mentionnée dans l'écrit, qu'il est bien celui auquel l'écrit était destiné; il devra ainsi prouver son identité avec le destinataire, et, cette idendité, il pourra l'établir au moyen d'une possession d'état conforme à l'acte, et même, à défaut d'une pareille possession, par la preuve testimoniale, sans commencement de preuve par écrit.

Contre quelles personnes l'action en recherche de maternité peut-elle être intentée? Nous croyons que l'action pourra être intentée même contre une femme mariée[1], pourvu que l'action n'aboutisse pas à une déclaration de maternité adultérine.

L'action en recherche de maternité étant une action en réclamation d'état est aussi imprescriptible à l'égard de l'en-

1. Aubry et Rau, t. IV, p. 668. — Aix, 22 décembre 1852. Sirey, 54, 2, 321.

fant naturel qu'à l'égard de l'enfant légitime; l'état de l'enfant naturel est, il est vrai, moins élevé, moins honorable, mais enfin, c'est un état, et l'état des personnes est hors du commerce. Il n'en est pas de même à l'égard des autres personnes : pour eux, l'action se prescrit par trente ans (art. 2262); ils peuvent également transiger et compromettre sur cette action.

PROPOSITIONS.

DROIT ROMAIN.

1° Le mari pouvait vendre la femme qu'il avait *in manu*.

2° La *gens romana* était la famille politique romaine; elle était dès lors exclusivement patricienne, et elle fut dissoute lors du triomphe de la démocratie à Rome.

3° Le testament *calatis comitiis* n'était pas soumis au jugement des curies, il était simplement passé en leur présence.

4° Le mariage se formait par le seul consentement des parties, la tradition de la femme n'était pas nécessaire pour sa validité.

DROIT CIVIL FRANÇAIS.

1° L'acceptation des donations par les incapables n'est susceptible que de nullité relative.

2° Les père et mère naturels peuvent, comme les ascendants légitimes, exercer le retour successoral.

3° L'autorisation du mari dans l'acte passé par la femme pourrait suffisamment résulter de faits qui établissent, d'une manière non équivoque, la participation du mari à l'acte, et sa volonté de l'approuver.

4° Les tribunaux français n'ont pas le droit de réviser au fond les jugements rendus par les tribunaux étrangers.

DROIT CRIMINEL.

1° Il y a infanticide alors même que l'enfant sur lequel l'homicide a été commis n'était pas né viable.

2° Le détournement d'une chose confiée à titre de prêt n'est passible que d'une action civile en dommages-intérêts, et ne constitue pas l'abus de confiance puni par l'art. 408 du Code pénal.

DROIT PUBLIC.

1° Le lit des cours d'eau non navigables ni flottables est dans le domaine public.

2° La juridiction administrative n'est point exceptionnelle.

Vu par le professeur soussigné président de l'acte public.

Strasbourg, le 14 juillet 1860.

HEIMBURGER.

Permis d'imprimer.

Strasbourg, le 14 juillet 1860.

Pour le Recteur en congé.

L'Inspecteur délégué,

DUVAL-JOUVE.

www.ingramcontent.com/pod-product-compliance
Ingram Content Group UK Ltd.
Pitfield, Milton Keynes, MK11 3LW, UK
UKHW021110260726
13994UKWH00002B/829

9 782329 426907